難しさを抱えたすべての子どもたち、おとなたちへ

「逆転のコミュニケーション法 NHA こころを育てるアプローチ」

注意欠如・多動性障害（ADHD）／愛着障害／
自閉症スペクトラム／アスペルガー症候群／不安障害／自傷行為など

NHA認定トレーナー
山本麗子 著

じゃこめてい出版

本当に人生を生きるための方法
注意深く意識を払うこと
驚嘆していること
人に伝えること

[1]メアリー・オリバー

日本のみなさまへ　―推薦の言葉―

NHA考案者
ハワード・グラッサー

日本のみなさまこんにちは！　NHA考案者のハワード・グラッサーです。この度、日本でNHAを紹介する本が出版されるということでこころからお祝いの気持ちを送ります。NHA（こころを育てるアプローチ）は、今まで何万人もの人生を変えてきました。アメリカだけでなく世界の子育てのしかた、学校教育や療育の方法に影響を与えています。

NHAにより、それまで「問題」とされていた子がハッピーな自立した子に変容をとげました。親も、先生も、施設の職員もそれまで無理だと思っていたようなポジティブな変化を見ることができたのです。自殺願望で一杯になっていたティーンエイジャーも自信を持ち、人生のゴールに向かって生き始めるようになりました。おとなもNHAによってさらに人生の深い生きがいを感じ、他人への深い慈愛のこころが生まれたと言っています。

世界中にこのようにNHAの種が広がっていくのを目の当たりにするのは、私にとって最高の驚きの体験となりました。約２０００人のNHAのトレーナーのおかげでNHAのコミユニティーが世界で大きく育ちつつあります。そしてより多くの人がその効果を実感しています。――そう、ずっと願い続けてきた変化を目の当たりにしているのです。

麗子さんのこの本、『逆転のコミュニケーション法　ＮＨＡこころを育てるアプローチ』は初心者にもやさしく読めて、簡単に実行できるように書かれています。この本は理論編と実践編にわかれ、ＮＨＡによってあなたの生活がどのように意味深い変化をもたらすのかわかるように説明されています。

まず最初は、みなさんもきっと共感できるだろう、彼女自身の個人的なつらい体験ではじまります。そしてＮＨＡの理論とワークブックでＮＨＡについての理解と実践力を深めます。成功体験のお話は、日本の日常生活でどのように使われるのかがわかります。きっとＮＨＡがどんな文化や言葉の違いを超えても有効かということがわかるでしょう。ＮＨＡは、とてもシンプルで普遍的なものなのです。この本を読めば、あなたの生活でＮＨＡをすぐに使えるように、書かれています。

日本でも引きこもりが増え、子どももおとなもＡＤＨＤ（注意欠如・多動性障害）などの精神疾患により投薬治療を受ける人が増え、自殺率も年々増加しているとお聞きしています。

きっとこの本がきっかけとなり、日本でも人との関わり方がそれまでと全く違うやり方に変わる大きなムーブメントが起きるでしょう。特に、学校教育現場、家庭で、そして会社において、人の指導や教育、しつけの仕方が大幅に変わるでしょう。実践してその効果を見るにつれ日本の人も、やがて気づくでしょう。これまでのネガティブなことに意識を向けるやり方よりも、一人一人の中に「偉大さ」を見て人と関わるほうが、どんなに大きな良い変化を生み、人生を大きく変容させることになるのかということを。

ＮＨＡは、ただ「ほめる」「お世辞を言う」ということとは違いますし、本来これは単なるテクニックではありません。どちらかというと、「生き方」というほうが正しいです。つまり「どの瞬間にも良い面を見る」ということをさらに超越し、「本来の美しさの真実」をすべての人の中に見て、すべての人を「良い選択をして世界に貢献している偉大な人」として見るということです。人の中に偉大さを見ることができる「目」を養い、その性質上の偉大さを言葉で表現していきます。これは私たち魂にとって高揚する体験となり、人とのつながりや自分の魂のレベルとのつながりを深く感じる体験となるでしょう。

麗子さんは心理療法士として、ＮＨＡを日本で紹介することにすでに貢献してくれています。すでにたくさんの人たちがＮＨＡの真価に気づくのを促しています。麗子さんは（私もそうですが）すべての人が心理療法を必要だとは思っていません。しかし、ＮＨＡのようにもっとシンプルで誰でもが簡単にアプローチできる方法によって、すべての人（子どももおとなも）が、それまで想像もできなかったようなぐらい素晴らしく豊かに成長することを確信しています。このＮＨＡを日本に紹介できることを麗子さんは光栄に思って活動しています。私もＮＨＡを日本という偉大な国と素晴らしい人々に広がっていくことに興奮しワクワクしています。

日本ではすでに、ＮＨＡ Ｊａｐａｎが存在し、日常でＮＨＡを活用して生活している人々がたくさんいます。フェイスブックなどを通してお互いの成功を分ち合い助け合っています。どうぞみなさんも同じような意識を持った人とぜひつながってください。ただ、変化を望むのではなく、世界をより良くするために、その変化そのものを起こす人に一緒になっていきましょう！

アメリカ合衆国　アリゾナ州　ツーソンにて　２０１６年7月16日

はじめに

心理カウンセラーとしてたくさんの来談者（クライエント）さんとお会いする中で、よくこのような相談を受けます。

親から

「子どもが、発達障害と診断されました。たくさんの本を読みました。でも、毎日とてもつらくどう対応したらよいのか悩んでいます」

「子どもが不登校になってしまいました。引きこもって、時々リストカットもしているようです。病院に行っても、親としてどう対応したらよいのか、あまり説明がなく、困っています」

「子どもの盗みが見つかって、警察に呼ばれました。どうしたらよいのでしょう？」

「いけないと思っていても、どうしても子どもを激しく罵倒したり、たたいたりしてしまいます。なんとか自分を変えたいと思います」

「子どもが（三十代）うつで、精神科の入退院を繰り返しています。毎日のように死にたいと言います。今からでも家族として何かできることはありますか？」

「子どもの暴力で家族が崩壊状態です。つらいです。どうしたら良いでしょうか？」

里親さんからは

「うちの里子ちゃんは、虐待されてきたようです。ＰＴＳＤ（心的外傷後ストレス障害）の診断を受けています。どのように対処したら良いでしょうか？」

学校の先生から

「クラスで2、3人非常に困る子がいます。叱ってもあまり効果がないので、どんどん罰を与え、激しく叱責することでクラスをなんとか保っています。でも本当にこれでいいのでしょうか？」

「特別支援学級で教師をしています。その子の特性を大切にしながらやっていますが、それでも子どもの扱いにとても困ることがあります」

子が親のことで

「親の介護に疲れ果てました。毎日、いっそ死んでくれればと思います。自分がいつか親を殺してしまいそうで怖いです」

この本では、問題を抱えた子ども・おとなのご家族などまわりの人がどのように対処したらよいのか、ヒントになるコミュニケーション法をご紹介します。もちろん当事者自身が学び、自分の生活に生かしていくこともできます。

それがＮＨＡ、([2]The Nurtured Heart Approach) と呼ばれるコミュニケーション法です。日本語にすると「こころを育てるアプローチ」といいます。このコミュニケーション法は子どもやおとなが[3]向精神薬を使わなくても、生活できるようになるのを助ける方法として、アメリカを中心に全世界に広まりつつあります。

日本でも、子どももおとなも精神科・心療内科にかかる人が非常に増えています。この方法を学ぶことにより、ご家族、学校の先生、施設の職員、医療関係者でも当事者を支えることができます。それも驚くような効果が期待できます。アメリカではこのアプローチに関する調査や研究が行われ、実績をあげています。

何年もかかる専門的な訓練は必要ありません。ある程度ポイントをつかめば、誰でもできます。そして「困っている人」だけにではなく、すべての人に対してもよい方法です。NHAは、どんな種類の問題を抱えている人にも効果があります。その問題が「うつ」であれ、「発達障害」であれ、「トラウマ」であれ、そして相手が何歳であっても、NHAを使うことが可能だということです。おまけに、自分自身にやってみると、もっと効果がありま す。そして、最後には気がつくでしょう。これは、ただのテクニックでなく生き方なのだということに。

長い心理カウンセラーとしての私の体験、そして自分の家族の体験を通して実感していることは、「絶望」が訪れるときそれは「最大のチャンス」だということです。

「絶望」すると、自分のすべてを投げ出し、天に祈ります。「助けて!」と。そのとき、自分のそれまでのやり方をいったんすべて置いて、謙虚になります。そうすると、新しい光が差し込むという奇跡が起り、それまで想像もしなかったような新しい道が開けます。

私にとっては、それがＮＨＡでした。仕事とプライベートで、実感しているＮＨＡの効果と方法をご紹介していきます。ぜひ、それを使いこなしてください。そして世界中でたくさんの困った親たちが実際に経験している効果を実感してください。

でも、いつの日かこのＮＨＡというテクニックも手放すときがくるでしょう。ＮＨＡは「ポジティブ」か「ネガティブ」という見方をします。この両極の間で、自分のものの見方を徹底的に訓練しなおしていくと、常に物事の光の部分を見るようになります。そうすると、最後には「良い」も「悪い」もない状態、つまり「ありのままの今に完全にある」という意識に近づくのだと思います。自分も周りのすべてとつながり、それぞれを偉大な生命の輝きとして感じられる状態です。

私と世界中のたくさんの人がそうだったように、どんなに深い絶望の淵にいても、必ず光が見えてきます。

本を読み進める前に、一つお願いがあります。それは後半のワークブックを読む前に必ず前半の理論を読んでほしいということです。

テクニックだけ学んでも、基礎になる理論が理解できていないと、すぐに壁にぶつかってしまうと思います。理論を踏まえた上で、実際の場面や状況に従って、臨機応変にテクニックを使いこなしてください。

1 メアリー・オリバー（Mary Oliver 1935〜）アメリカの詩人。全米図書賞、ピューリツアー賞などを受賞。「赤い鳥」(2008) より

2 Transforming the Difficult Child: The Nurtured Heart Approach（Revised 2016) by Howard Glasser and Jennifer Easley

3 中枢神経系に作用し、精神の状態・機能に影響を与える薬物の総称。抗精神病薬・抗鬱《こううつ》薬・抗躁《こうそう》薬・中枢神経刺激薬・睡眠導入剤（催眠薬）・鎮静催眠薬などがある。

もくじ

「逆転のコミュニケーション法　ＮＨＡ　こころを育てるアプローチ」

表紙カバーイラスト/Gary Bayliss
本文イラスト/くぼたてるみ
装丁・本文デザイン/Kre Labo

プロローグ

NHAに出会うまでのわが家

みなさんの抱えている問題はきっとそれぞれちょっとずつ違うかもしれませんが、はじめに私の家族の例を紹介します。みなさんの中にも似たような経験をされた方があるかもしれませんね。

私の家族の場合こんな経過をたどっていきました。

まず「何が問題なのか」に気づき、「その特性や傾向」もわかりました。次に、「どうすればいいか」その手立てをいろいろ考え、自分なりにベストを尽くしてみました。でも、やればやるほど子どもとの関係は余計にこじれてしまい、うまくいきません。そして自分のこころが傷つき、つらくてつらくて、落ち込んでいきました。子どものこころもどんどん遠ざかっていく。そんな悪循環の中で、絶望感にうちのめされていました。

そこからどのように私達家族が抜け出していったのかお話ししたいと思います。

真っ暗闇

長い間待ちに待った女の子の赤ちゃんを腕に抱き、助産院のベッドで、うれしくて涙しながら、生まれたての指を一本一本数えました。つるつるの頭が、どうしようもなくかわいくて、何度も何度もなでました。

「私は子どものころから、赤ちゃんを欲しかったのよ。やっと来てくれてありがとう」

どんなことがあってもこの子を守り、力の限り、人生の大切なことを伝えたい、「あなたは、とっても尊い存在なんだ」ってことを。

私は、子育ての体験ができることに、天に感謝しました。

その後の大変さはまったく予想もつかず、のんきなものでした。

そして、ときは流れ、この子が生まれたときから早十年…。

このころには、すでに夫と娘との暮らしが非常に苦痛になっていました。もう自分の子どもがかわいいどころか、見るのもいやになり、ため息の毎日になっていました。

ある日、新築したばかりの家の薄暗いバスルームで、私は絶望のあまり思わずしゃがみこみ、言葉にならない唸り声をあげていました。

涙が流れ落ちるのをどうしようもなかったのです。

「これで正しいはずなのになぜ？　なんでどうしてもうまくいかないの？」

なぜ一生懸命やればやるほど、傷つけられ、罵倒され、反発され、こころが遠ざかっていくのだろう。娘と夫との暮らしはもう、本当に限界でした。正直に言うと、夫と私は離婚を考え、娘はどこかの寮にでも入ってくれれば楽なのにと思っていました。ここまで頑張ってもダメなんだから仕方がないとも思い始めていたのです。そう、奇跡の「鍵」が見つかるまでは。

私は心理療法士として、ニューヨークと日本でオフィスを開業し、子ども時代からこころの傷を負った多くの来談者（クライエント）たちが自分で自分を癒し回復していくのをお手伝いしてきました。

私のオフィスで、多くの方がもう一度希望を見出し、より自分らしい人生を送ることができるようになるのを見るのは、私にとっての最高の喜びでした。

だから、まさかこの自分がこんな風に追いつめられるなんて、予想外の出来事だったのです。本当に皮肉なものです。仕事で一日中人を助けることをしていて、それには成功しているのに、家庭内ではどうしようもなく失敗続きなのです。それどころかときにはまるで「地獄絵」の様を呈するようになるなんて……。

娘も夫もＡＤＨＤ!?

そんなあるときです。昔から知識としては知っていた[4]ＡＤＨＤ（注意欠如・多動性障害）

という言葉と、自分の子どもがつながる瞬間があり、もしかしたらと様々な本を読んでみると、なるほど、思い当たることばかりなのです。そのうちに、娘だけなく、夫の生きづらさももしかしたらこのような特性からくるのではと考えるようになり、そう思うと少し光が差してきました。

「あーそうだったのかー」これもあれも、頭の中で流れていく、生活の場面の数々…。

重要なことでも何回言っても忘れてしまうこと、私が一生懸命話をしても上の空で聞いていない感じ、衝動的にカッとしてキレるところ、時間の見立てをして計画的に行動できない、指示を出してもそれに従って行動することが非常に苦手なこと…。

これらすべては、娘と夫のＡＤＨＤからくる特性だったのです。

娘が小さいころ、レストランに行くとテーブルの下にもぐる、歩き回るなど、周りの人に非常に迷惑をかけ、他人に怒られることがしばしばありました。これは「多動性」といわれ

４　年齢あるいは発達に不釣り合いな注意力、又は衝動性、多動性を特徴とする行動の障害で、社会的な活動や学業の機能に支障をきたすもの。また、７歳以前に現れ、その状態が継続し、中枢神経系に何らかの要因による機能不全があると推定される。

る特性でした。少し大きくなると授業中、「はい！　はい！」とよく積極的に手をあげるのですが、答えを用意していないので、先生にさされてから「えーっと」って考えてしまいます。これは衝動性とよばれる特性と考えられます。教科書はすぐ忘れるので、毎日全部の教科書を持っていく。忘れっぽいということも特性とされています。

夫は、料理が好きでよく作ってくれますが、順番の見立てができないので、非常にキミョーなお料理になってしまいます。まず、レシピはあっても使いません。フライパンを取りだして、火をつけます。そして玉ねぎなどの材料をきざみ、熱くなりすぎているフライパンに入れていくので焼き具合にムラがあり、焼きすぎているものとまだ固いものがごっちゃになったりします。作業の優先順位を決めて順序立てて行うことが苦手なのです。

そこで、私は湧き上がる怒りを抑えつつ、正しいやり方を繰り返し教えます。

「忘れないでこれをやってね」「メモして忘れないようにしようね」とお願いする。そうすると、二人ともこれに対し猛烈に反発し怒り出します。

「うるさい！　黙れ！」「良いところを見ようとしていない、いつもできないことばかり指摘する」　関係はますます最悪な状態になっていきます。確かに順序立てて物事を進めていく私と、目の前に見えるものからをとりあえず衝動的に手につけていく夫とでは、衝突が多かったのも無理もなかったのです。娘と夫は私に常に注意されることが、迷惑であり不愉快だったに違いありません。

最初は、私も勘違いをしていました。つまり、二人とも知能が低いわけではないので、このような生活のつまずきを特性だと理解できず、「私を意図的に無視して傷つけようとしている」、「常識がない」、「努力をしていない」と、誤解していたのです。だから私の中に、怒りの気持ちが湧き出てしまっていたのです。

しかし夫と娘がＡＤＨＤ（注意欠如・多動性障害）という発達障害の特性を持つという診断が正式に下され見方が変わりました。たくさんの書物のおかげで、これは脳の神経障害によるもので、本人の意志とは関係なくこのような言動になってしまうのだということが、やっと理解できました。そして、私の中の怒りはだいぶ収まっていったのです。

私は必死に専門医を探しました。そしてやっと見つけた医者から処方された薬を二人に試してみました。しかし、全く効果なし。副作用のデメリットだけ、ということでお薬も断念せざるを得ませんでした。

試行錯誤の生活の中で

こうなると、ほかの方法で対処するしかない！　数々の本に書かれているありとあらゆる方法を試すことになりました。

まず食生活を改善すること、できたことを記録しポイントを集めてご褒美すること、ほめること、または悪いことをしたらしっかりと罰を課すこと、家のルールを決めること、何か問題行動があれば、ゆっくり話し合うこと、問題行動があったときに周りがどんな気持ちになるのか本人に伝えること、特性について自身の理解を深めるために説明する（心理教育）や考え方や行動パターンを変えること（認知行動療法）、忘れないように紙を家じゅうに貼るなどなど。夫にはＡＤＨＤ専門コーチにもついてもらいました。

このようにあらゆることに挑戦しましたが全くうまくいきません。

もう一度言いますが、私は心理カウンセラーとして日々クライエントのみなさんにこのようなことをアドバイスする側なんです。その自分がやっても、うまくいかないんです。

ほんと、情けないことといったら…。

この間、どんどん娘の怒りやすい傾向が悪化していきました。中でもいちばん困り果てたのは、子どもの暴力です。

夫と娘がぶつかると、怒鳴りあいが始まり、娘のパンチ・キックが出ます。するとそれをとめようとして、夫は娘を羽交い絞めにする。あげくの果てに、床に転がってしまっても、もみ合いは終わりません。警察を呼ぼうと思ったことが何度もありました。

子育てするうえで、大切にしてきたことは、絶対に子どもに対し手を出したりしないし、わざと子どもの尊厳を傷つけるような言葉は言わない、と誓って大切に愛情をもって育ててきたつもりです。

それなのに、なぜここまで追い込まれるのだろう？

ただ娘の場合は、この苦しみは家の中だけで、外では非常に明るい楽しいリーダー的人気者でした。だから、私たちが親の苦しみとして先生に訴えても「学校では問題ないですよ。大丈夫ですよ。考えすぎじゃないですか？」と言われます。友人たちや、知人、親戚たちも「明るい子」として見ているので、「まーティーンエイジャーなんてそんなものだよ！」とそのつらさ、深刻さをわかってくれる人はあまりいませんでした。

そして、「私たちはこんなにつらい思いをしているのに!!」と、わかってもらえないがっかり感も増して、私は心理的に孤立していきました。

夫は、もともと非常にこころが優しく、思いやりのある人です。家ではつらい状態であっても、夫も外では仕事などで良い評価を受け、温厚な人格者として友人からも信頼されていました。

しかし、このころには、「自分が不幸なのは、みじめな家庭のせいだ！」などとネガティブ思考がぐるぐると頭の中で回るようになってしまいました。睡眠薬を服用しても、不眠が改善しないので、「眠れないのでは？」という恐怖感にさいなまれ、夜中にパニックを起こすようになってしまったのです。

「もうダメだ〜。生きていたくない」と真夜中に突然泣き叫ぶ声に起こされ、何時間も寝かせてもらえない状態が、数か月にわたって続いたのです。

私は夫が正常の精神状態ではないことがわかったので、落ち着くまで体をさすったりして、気持ちを聴きながら、夫の話にいちいち反応しないように努力しました。

でも、それは余計に相手の反応を悪化させることになりました。感情の爆発はさらに激しさを増していきました。まさに、家族崩壊の危機！　本当に真っ暗の中で模索しているような感じでした。どんな専門家の意見も、学校の先生の言葉も、たくさんの本でさえ、なにも役に立たず、すべて私の努力が水の泡と消えていく感じでした。

自分の持てるすべての力・知識を使っても、自分の大切なものが崩壊していくのを目の当たりにした私は、とにかく祈りました。

「どうぞ助けてください！　今まで見えなかった道を示してください」

ＮＨＡとの出会い

そんなときに出会ったのがＮＨＡでした。正式名The Nurtured Heart Approach（NHA）直訳すると、「こころを育てるアプローチ」というアメリカで生まれたコミュニケーション法です。

ＮＨＡが紹介されていた記事を読み、ピンときました。

その後、考案者ハワード・グラッサーさんの著書『Transforming the Difficult Child: The Nurtured Heart Approach』(Revised 2016) by Howard Glasser and Jennifer Easley（「難しい子どもの変容を助ける方法」）も読み、オンラインコースを受けアメリカへ渡り、ＮＨ

A認定トレーナーになりました。

この「アプローチ」を学び実践することで、うちの家族はみんなが救われました。絶望で真っ暗だった空に、希望の光が差し込んだように感じました。

NHAを試していくうちに、娘は大きく変わっていきました。最初は、「本質を認め称賛する言葉」に驚いたようで、かなり反発されました。「なに言ってんの？　ばかじゃない！」それでもめげず、この子の真の姿を見ることができるように、自分の見方を変え、素晴らしい性質を見つけ言葉にし続けるうちに、娘は少しずつ変化していったのです。

まず、大きく変わったのは、暴力が減ったことです。怒鳴り声もほんのときたまにするくらいになりました。たまにキレるときはあっても、以前に比べればすぐに落ち着くことができるようになりました。生活を「ふつうに」送ることのできる日々が増えてきたのです。

もちろん今でもADHDの特性は残っていますが、それも徐々に改善されました。例えば、時間通りに携帯の使用をやめて特定の場所に戻すとか。これはADHDの特性である「過集中」とよばれる過度な集中の状態にあっても、気持ちを切り替えてやめることができるようになったということです。習い事の時間を覚えているのは、忘れないで行動することができたこと、前日にシャツを洗っておいてとメモを残すなどは、事前に物事をプランニングする力もついたということです。このようにいろいろなことができるようになっていきました。

思いがけず、うれしかったのは、子どもが今まで誰にも言えなかったことを話してくれたことです。ずっと罪悪感を持っていたけれど話せなかったことを、唐突に話してくれたのです。それにより気持ちがだいぶ落ち着いたようでした。今では、年相応に出てくる恋の話など、素直にその戸惑いや興奮を話してくれるようになっています。

「きっとこの子は将来自分の好きなことにならい、それに向かって歩んでいく力があるし、自分に自信がある。もう大丈夫！」と、子どもの内なる豊かさが育ちつつあると確信を持てるようになりました。

ＮＨＡをやり始めるとまもなく、夫は「そうだ！　今までこれが欲しかったんだ」と思ったそうです。ゆっくりとですが夫の気持ちも落ち着き始め、自分を取り戻していきました。夜パニックになって私を起こすこともなくなり、新しいことにチャレンジをするようになりました。本来の彼の穏やかさが戻ってきたのです。

このことをきっかけに夫自身もNHAを学ぶことになりました。

自分の気持ちに余裕ができてきた私たちは、子どもたちがずっと望んでいたねこを飼うことにしました。

今までは、「子どもで手一杯で、ペットなんてとても無理！」とかたくなに拒否してきたのですが、また何かを育むことができそうだと思えるようになってきたのです。

うちに来てくれた捨てねこちゃんのフジくんは雨の中大きな声で鳴いていてレスキューされました。なぜフジくんかというと、おでこのところの毛の色が白い山をつくり、まるで富士山のようなのです。うちに来たころは、やせ細っていましたが、今では、毎日私たちの愛情をたっぷり受けて元気で大きくなりました。

ねこは、「今にあること」の〝禅マスター〟です。ものを見るときには全身でじっと見る、聴く、感じ取るが非常に集中してできています。その他の思考で頭が一杯になったりしません。

「今、ここ」に完全にあります。

こうしてフジくんは、ＮＨＡをマスターするための重要なカギ、「今にある」ことのお手本を毎日私たちに見せてくれています。

禅マスター！　フジくんに、この本を通して時々わかりやすく説明するためにワークブックに登場してもらおうと思います。

あきらめなかった勇気

ＮＨＡに出会う前、私たちは一生懸命に親としてできる限りのことをしてきたつもりでした。親ならきっと誰でもするように、子どもに話かけながら行動の問題点を明らかにし、改善しようと努力してきました。そのうえ、カウンセラーでもある私たちは、相手を尊重しながら深く聴く傾聴の技術や感情の表現の重要さについてもよくわかっていました。でも一生懸命になればなるほど、それは空周りし、さらに悪化していきました。

そのうちに、私たちのこころも深く傷つき、疲弊し、不満と怒りで一杯になってしまっていました。

難しさを抱えた子どもやおとなに対しては、常識をひっくり返した、ちょっと違うコミュニケーション方法が必要なのです。

正直言うと、ＮＨＡをやり始めたころは本当に娘の素晴らしいところにこころから感動をしてそこを認めるコメントができたかというと、それは「うそ」になるでしょう。始めたころは、本当に必死で、とにかく家族を救いたい、というギリギリの気持ちでやりはじめたような感じでした。「死に物狂い」の気持ちで自分の意識を子どもの良いところに集中しようと努力しました。

そのうちに、ゆっくりと私自身の気持ちが変化していきました。子どものことを自然に「かわいい！」と思えたあの出産のときの気持ちが戻ってきたのです。そして、成長して大きくなってしまった⁉（笑）今の子どもを目の前にして誇らしく、こんなところが素敵だよね、とこころから思えるような気持ちになりました。

冷たく固まっていた自分のこころが、また柔らかくなり、開き始めたのです。そしてもともと、こころに一杯あった愛情が流れ出すようになったのです。

そしてずっと崩れなかった壁が崩れて、新しい境地つまり「この子を信じられる」関係になったように感じました。私たちに起きた奇跡は、今までの「あきらめなかった勇気」とNHAをやってきた努力の積み重ねのおかげだと思います。今、私たちは、家族がまたハートでつながるところまできました。

まさに、このアプローチは「ハート」にアプローチする方法なのです。問題行動を改善するというためより、ハートとハートでつながれるようになるためのテクニックなのです。

心理カウンセラーの私が教えられたこと

どちらかというと私はカウンセラーとしてとても恵まれていました。人生の中で一番つらかったときに、優れたカウンセラーと出会い、自分が深く癒され生きる希望を見出したという経験があります。今振り返ってみれば、そのカウンセラーは、「あなたはこんなに素晴らしいんだ。自分を信じて、人生を信じて大丈夫だよ」と繰り返しメッセージとして送っていてくれたのだと思います。

心理療法が盛んなアメリカのニューヨークという場所で、私はたくさんのことを学びました。良いものも悪いものも様々な体験をして日本に帰ってきました。日本に帰ってからも、クライエントさんから次々に新しい課題を与えられるので、その都度ニューヨークへ戻り、勉強を重ねられることはとてもラッキーだと思っています。

心理カウンセラーとしてたくさんの方にお会いする中で、「幸せだな〜」と思うのは、クライエントさんが自分自身のこころの中で起こっていることや感情に、「あ〜！　そうか〜」と気づける瞬間です。自分の本当の感情をちゃんと自分でつかんで、それを言葉にすることは、大きな癒しのパワーを持ちます。その後は、ご自分で決断したり、前に歩いていく力が自然に湧いてきます。

例えば、昔仲良しだった同級生から急に無視され、仲間外れにされた体験をもつAさんは、不登校になり、その後も長年うつになって引きこもってしまいました。自分の気持ちが一杯になると、過食やリストカットをしてしまいます。そんなAさんは、いやがらせをした仲間たちに自分の言いたかった気持ちをイメージの中で伝えたり、自分に自信を持つようなアファメーション（自己肯定の言葉を自分にふりかけること）やアサーティブ（自分と相手を尊重しながら、自分の意見や感情をはっきりと述べること）などさまざまな表現を学ぶことにより、より良いコミュニケーションがとれるようになりました。そして、今自分の人生の目標「アーティストになる」に向かって少しずつ歩み始め、外出もできるようになってきています。

Bさんは、過去に性的な虐待を受けた記憶があります。彼女はカウンセリングという安心できる場所の中で、自分に起きたことを話し、本当の感情と深くつながることで、つらさを解き放ち、また男性を愛するという力を得ることができました。そして、今は家庭を持って幸せに暮らしています。

でもすべての人たちがこのような気づきによって素晴らしい人生の立て直しができるとは限りません。

「つらさを語ることが本当の自分」は錯覚

夫は週三回の精神分析を約10年間通いました。それでも不安症やうつ気味になってしまう傾向はあまり変わりませんでした。深い共感を持ってつらさを長時間にわたって聴いてもらっても、それでこころの健康を保てるか？　というと必ずしもそういうわけにはいかないのです。自分では認めたくないことでしたが、本当はそうでした。

つまり、過去を振り返りながら気づきを促すような通常の心理カウンセリングで成果の出る人もいるが、出ない人もたくさんいる、ということなのです。

問題について語ることで、自分が受け入れられるという体験をすると、それが心地良いので繰り返してしまうのです。そしてまるで「つらさを語ることが本当の自分」であるような錯覚を持ってしまうことになります。これはカウンセリングや多くの自助グループでも起こり得ることで、長い間その「問題」について語り続けることになり、そこから健康に向かって変化することができなくなってしまいます。ハワードさんも、以下のように言っています。

「問題について話し続けることだけが、人と深くつながる方法だというかたよった考えを、通常の心理カウンセリングによって植えつけることになりがちです」

日本でも長い間、心療内科やカウンセリングに通ってもあまりよくならない、変化がないと感じる人がいるのではないでしょうか？

「過去を振り返るという作業によって、気づきが深まり癒されることがある」これは確かに、今でも真実だとは思います。しかし、ＮＨＡはこれとは反対のことを教えます。

それは、「今のこの瞬間の素晴らしさ」を見ることが大切だということです。ＮＨＡは、何年にもわたって過去を振り返ったりする作業をしなくても、「自分がより生き生きとした本来の自分になっていける鍵」なのです。

Cくんは何年も、カウンセリングを少しやってはやめ、また少し始めてはやめを繰り返していました。彼は過去の家族や学校で起こった出来事がトラウマとなって入退院を繰り返しています。過去の出来事に考えがとらわれがちで、引きこもりとなり、仕事や学校を含む社会生活を全く送れなくなっていました。ほとんど毎日のように自殺することを考え、生きているのがやっとの状態でした。

その彼が今回またカウンセリングを再開したときには、過去を振り返るワークを一切やめ、ほとんどＮＨＡのみを使い、家族にも学んでいただきました。すると数か月間の内に、めざましい変化がありました。社会生活を始め、自分で食事の改善をしたり、健康のためにエクササイズを始めたりしました。最も劇的な変化は、考え方が変わってきていることです。以前は、すべてを否定的に考え、悲観していました。でも今は、「自分と人を比べることはやめよう」「自分は自分の人生があると思おう」と思えるようになってきたのです。彼の笑顔がセッションの中でも見られるようになってきました。
私が実践して確信したＮＨＡの良いところを次に6つあげてみましょう。

①その「問題が何か」ということはあまり関係ない。
②いくつかコツを覚えれば誰でもできる。
③本人だけでなく周りの人もＮＨＡを実践することで支えることができる。
④理論やテクニックは、わりとシンプル。
⑤薬にたよらない方法だということ。
⑥元気な健康な人に対しても有効。

①「問題」には、あらゆることが含まれます。不登校、自傷行為、摂食障害、発達障害（[5]自閉症スペクトラム、ＡＤＨＤ、学習障害など）うつ、不安症などの精神疾患、犯罪行動、認知症、トラウマ、[6]ＰＴＳＤ、など様々ですが、このような「問題が何か」はあまり関係なく誰でもＮＨＡは使えます。

②ＮＨＡを学ぶ人たちは、専門家もいますが、まったくの素人もたくさんいます。当事者の親、学校の先生、養護施設の職員、老人ホームの職員、青少年更生施設の職員、里親さん、精神科病棟の職員、通常の病棟のスタッフ、臨床心理士、社会福祉士、など様々です。

③本人も学ぶことができますが、本人ができなくても、周りでサポートする人が学べば効果が出ます。家庭でもし配偶者が協力してくれなくても、自分だけでもできます。一人で取り組むこともできるし、グループで導入することもできます。学校全体で研修を受けたり、学区全体、病院スタッフ全員に、会社の社員へＮＨＡを導入することもできます。

④誰でも学べるように、ハワードさんは常にシンプルに伝えることを大切にしています。３つの誓い（76ページ）、４つのテクニック（１４３〜１６０ページ参照）を学ぶことでだいたいポイントがつかめます。理論・テクニックを学んだ後、もし実生活での活用に困ったときは、個別でＮＨＡのコーチングのセッションを受けることはできます。でも何年にもわたるような「治療」は必要ありません。

⑤アメリカでは、この方法を使うことにより、向精神薬にたよることがなくなるという報告がされています。

⑥健康な生徒がＮＨＡのクラスにいることで、優秀な成績を出し特別学級（特別優秀な生徒が受けられるクラスや上級コースが学べる制度）に入る生徒の数が増えたという研究結果も出ています。

５ＡＳＤ（自閉症スペクトラム、アスペルガー症候群）社会で必要な３つの能力（コミュニケーション力、想像力、社会性）で問題がある。

６心的外傷後ストレス障害（ＰＴＳＤ）命の安全が脅かされるような出来事、戦争、天災、事故、犯罪、虐待などによって強い精神的衝撃を受けることが原因で、著しい苦痛や、生活機能の障害をもたらしているストレス障害である。

理論編

「こころを育てるアプローチ」NHAとは

通常の子育て・指導の仕方は間違っている⁉

みなさんここからよく聞いてください。実は、私たちがしている通常の「子育て・指導の仕方」（子育て・学校の指導方法・会社での教育）は、根本的に間違っているんです！

えーっ！　とびっくりしてしまいましたか？　ごめんなさい。

でも、みなさんのことを「ダメ」と言っているのではなく、今までいわれてきているいわゆる「ふつうの子育て・指導の仕方」が間違っているとお伝えしたいのです。いくら愛情があって善意を持って、相手のためを思ったとしても、エネルギーを出すタイミングが間違っていると、大きな問題を抱えます。私もその一人でした。特に、子どもでもおとなでも難しさを抱えた人に対しては、うまくいきません。

「え？」「エネルギーを出すタイミング？」とはてなマークが頭をかけめぐっていても大丈夫です。でもどうか心配しないで！　どのようにしたら良いのかちゃんと順に説明していきます。

でもしばらくは、その基礎にある理論にお付き合いください。そして、そのあとにワークブックで具体的なテクニックの説明をします。

全米、世界各国で注目、薬物にたよらないＮＨＡ

ＮＨＡは、アメリカの心理学者ハワード・グラッサー（Howard Glasser）さんにより25年ほど前に考案されました。

ハワードさんは、子ども成功財団創始者・ＮＨＡ考案者で、『Transforming the Difficult Child』等著書も多数あり、彼の著書八冊のうち四冊はアマゾンのセールス上位1パーセントに入るそうです。テレビラジオなどにも多く出演、注目を集めています。現在、「子どもが薬物治療にたよらない治療法を紹介している最も影響力のある人物」と評されています。詳細は、http://childrenssuccessfoundation.com/ をご参照ください。

アメリカでは、50州のうちほとんどの州にＮＨＡで学んだトレーナーがいます。現在、およそ1900人以上のＮＨＡ認定トレーナーが世界中で活躍しています。ＮＨＡを学区全体で導入したり、学校全体ですべての職員（教員、事務員、用務員など）が研修を受けたりしています。その他、家庭、裁判所、児童福祉施設、青少年更生施設、メンタルヘルスクリニック、養子施設、会社など様々な場面で活用されています。

その他、イギリス、オーストラリアは、それぞれ60名程ずつ認定トレーナーがいます。オーストラリアでは主に里子養子施設などで取り入れられているようです。その他、ベルギー、スウェーデン、アイスランド、イスラエル、南アフリカ、オランダ、インド、韓国、ベトナムでも認定トレーナーが活躍しています。

日本では、２０１５年より静岡市にある「心理カウンセリング想月」で初めて取り入れられました。２０１６年10月現在約１００名を超える人たちにＮＨＡを紹介しました。

※7アメリカでは、多くの子どもたちが幼いころから精神疾患・情緒問題の治療の一環として薬を飲んでいることが社会問題になっています。２０１４年フォックスニュースによると、アメリカでは情緒・問題行動が原因で向精神薬の投薬治療を受ける子ども（6-17歳）が13人に一人の割合でいます。このうち81％の子どもがＡＤＨＤの診断を受けています。このような子どもたちにＮＨＡを使うと、薬が必要なくなるという調査結果が出て注目されています。

またＮＨＡは、犯罪を犯した青少年たち、貧困・虐待・ホームレス・危険ドラッグ依存などの社会的問題を複雑に抱えた背景を持つ子どもたち、また自閉症など発達障害の特性を持つ子どもたちに対しても、めざましい効果を挙げています。

いくつか具体的な例をあげてみましょう。

アリゾナ州のタスカンの貧困地域の小学校で、NHAを取り入れたところ、大きな成果をあげました。停学処分になる子どもの数が激減し、特別支援学級に入る必要のある子どもの数が15％から1％へ、そして職員の離職率が50％からなんと0％へ変化したのです。それだけでなく、特別に優秀な才能ある子どもを集めた「飛び級クラス」が0％から15％へ激増するという快挙をあげました。

現在、全米の多くの公立学校と、いくつかの[8]モンテソーリスクールなどでNHAが使われています。多くの教師がクラス経営が楽になると感じ、離職率が減っています。そして、それまで反抗的な態度で退学寸前だった子たちが授業に参加するようになり、卒業していく子たちが増えたとの報告が多く寄せられています。

7　※p46～p50のデータはChidren's Succes Foundationのサイトによる。

8　20世紀初頭にマリア・モンテソーリ（Maria Montessori　イタリア1870～1952）によって考案された教育法。

オハイオ州のウォレン郡学習センターでは、重度の情緒・身体障害を持った子どもを支援していますが、ＮＨＡを導入することにより病院への搬送などが減り大きな経費削減につながりました。

ニュージャージー州の里親・養子施設ドレンクセンターでは、ＮＨＡ導入前は、20〜25パーセントの割合で里親縁組がうまく続きませんでしたが、職員と里親さんにＮＨＡの教育をしたところ、縁組がうまくいかないケースが0パーセントになったそうです。

Focus on Youth というオハイオ州にある里親制管理局では、２００７〜２００９年の間にＮＨＡを導入することにより縁組失敗のケースが激減しただけでなく、それまで投薬治療を必要とする子どもの数が激減するということが起きました。

アリゾナ州タスカン早期支援プログラムでは、１９９９年よりＮＨＡを導入しました。導入前は、情緒・発達に問題のある子どもたちのクラス経営が非常に大変でした。導入後は子どもたちが大きな成長を遂げるばかりか、３０００人を対象に調査したところ、発達・精神の問題によって新たに診断を受けたり投薬治療を受ける子どもがいなくなりました。

アリゾナ州の青少年裁判所で犯罪を犯した青少年とその家族を対象にＮＨＡのワークショ

ップを受けてもらいました。それまで再犯率が32％だったところが、18％に減少し、それも軽犯罪でした。

その他、アリゾナ州フェニックスのバナーエストレラ病院では、２０１１年に外科病棟の管理職がＮＨＡの研修を受け、職員への調査で管理職への満足度・働きがいを聞いたところ、前年と比べて、13％アップして87％になったそうです。ニューメキシコ州のアルバカーキーでは、老人センターのスタッフがＮＨＡのトレーニングを受けました。利用者のみなさんが全体的に健康的でより生き生きとし、遊びごころが出てくるようになったとスタッフは感じています。

アメリカニュージャージー州では２０１５-19年にわたり、12億円級の予算をかけた重度精神・行動障害・麻薬依存を抱えた青少年たちへのメンタルヘルスサービスが始まっていますが、初期に導入される２つのプログラムのうちの一つがＮＨＡに決まりました。このようにアメリカでは州によってはその効果が認められ、大規模に取り入れられることが増えてきています。

イギリスでも素晴らしい成果が出ています。２００９年からある児童福祉施設にＮＨＡが導入され大きな成果を出しました。５年連続で出した優秀な検査結果を評価され、イギリス全体のトップ３％に入りました。２０１６年2月にこの福祉施設を訪れたイギリスの下院議員の政府高官はＮＨＡの効果に非常に感銘を受け、児童施設でのケアモデルとして高く評価したそうです。

日本では、想月でワークショップを受けた人たちが、「自分を認めて優しい言葉をはじめてかけることができた」「子どもが生活を立てなおし元気になってきた」「母親としていつもイライラしていたが、子育てが楽になってきた」「夫との関係が良くなった」「うつから立ちなおった」など様々な効果を挙げています。※

詳しいお話は、ＮＨＡ成功体験談１７１～２０３ページの「私も使ってみました！」をご覧ください。

ＮＨＡはどのようにして考案されたのか？

ハワードさんは、ニューヨーク大学を卒業し、家族療法カウンセラーとして働いていましたが、大学院で学んできた手法や理論がほとんど効果のないことに気づきました。そして、あるとき、子ども時代の自分は「問題児」だったこと、常に親や先生から怒られ、「扱いにくい」子どもだったことを思い出します。

そこで彼が注目したのは、子どもの視点から見て「おとなのエネルギーがどのように流れていたのか」ということでした。

子どもは問題を起こすことで、親から注目をしてもらえる、つまり、親のエネルギーをもらえるので、この「問題を起こす ➡ 怒られる（エネルギーが走る）➡ 問題を起こす」サイクルから抜けられなくなるというのです。

子どもだったころのハワードさんは、「おとなにこっちを見てほしい！」「ぼくをちゃんと見て、みとめて！」といつも思っていました。その一番手っ取り早い方法が「何か悪いこと」をすることだったのです。

その「悪いこと」をするとおとなはすぐにやってきて、「わーっ！　何をしているんだ～!!　やめろ～!!　%?＞"（&^$&$!!）」と怒鳴り始めます。

でも、怒られてはいますが、お父さんお母さんの注意や意識はちゃんと自分に向けられています。そして、とても感情のこもった涙ながらの話や、説得などがはじまり、子どもがこころの底で欲している、おとなとこころでつながる「濃厚ないい時間」を過ごせることになるのです。

だから、自分は子どものころ問題行動を繰り返していたのだということに気づき、問題を抱えた家族を助けるためになんとかこの原理を応用できないかと考えました。そして、通常の子育ての常識を覆す、ＮＨＡのアイディアが彼の中で自然に降ってわいてきたそうです。


人間の成長過程を考えるとわかりやすいですね。例えば、赤ちゃんはガラガラを手に持って振ると、ガラガラという音が出るということを学びます。つまり、自分の行動によって、親の反応をも引き出せるのだと学ぶのです。この反応を引き出せるということが、子どもにとって面白いのです。親が反応して、声を出したり、顔の表情が変わったり、わーとなったりする、このエネルギーが走るような感じが、子どもにとっては「おもしろい」「愛情」と感じるようになります。

これがハワードさんの言う、「親は子どもにとっての初めてのおもちゃ」という考え方です。でも、成長する過程で、前述したようなネガティブサイクルにいったんはまってしまうと、周りもその子を「問題児」として見るようになり、本人も「自分はバカで問題を起こすダメな人間」というような間違ったレッテルを自分に張ってしまうことにもなります。

「さかさまエネルギー」って？

ＮＨＡを理解するうえで、大切なのが「さかさまエネルギー」の理論です。テクニックだけではなく、この基礎になる理論をしっかりと理解してください。

ちょうどブレーキとアクセルを踏み違えているように、私たちは反応すべきときを間違えているのです。

ふつう、私たち親は子どもが何か問題を起こしたときには、非常に大きな反応を示しますが、その反対に子どもがうまくやっているときは、ほとんど反応しません。たまには、「よく頑張ったね」「いい子だね」などといったりしますが、これだと、反応が小さすぎて子どもはつまらないのです。

特に、問題行動を起こしやすい特性を持った子どもたちは、早い時期からエネルギー（大きなリアクション・反応）を親からどうしたらもらえるかということに、無意識のレベルで気づいていて、おとなの反応を引き出そうとします。例えそれが、「怒られる」ことであったとしても、おとなから注目してもらえることを求めているので、また問題行動を起こすという、ネガティブなサイクルを作ってしまうのです。

ＮＨＡの一番重要な教えは、この「大きく反応をするとき（エネルギーを出すとき）」を逆転させることなのです。

つまり、問題を起こしていないふつうのときに、あえてその子のその瞬間の素晴らしさを積極的に読み取り、細かく証拠を挙げながら、言葉で相手に伝えます。

その代り、子どもが問題行動を起こしたときには、あまり大きく反応せず、「はい。ストップ！　とか、ちょっとお休み！」と宣言します。これを「リセット」と呼びます。そして子どもが問題行動をやめることができたら、すぐにそのことをお祝いします。

例えば、小学校5年生の子どもが、ご飯時に立ち上がってテーブルの周りをぐるぐるまわりながら手づかみでおかずを口に入れているとします。そんなとき、ふつうの親は、思わずこういったりしますよね。

「ご飯のときはちゃんと座る！　手づかみでご飯を食べない。あー、もう走り回ったりしたらダメ。もう5年生でしょう？　何やっているの！」

ＮＨＡの場合は、危険でない限り、走りまわっていることや食べ物を手づかみにするなどにはあまり大きな反応をするのを避け、エネルギーを注がないようにします。ただし、テーブルに近づいたとき（それが偶然であったとしても）をねらって、「あっ、夕ご飯だからちゃんとテーブルのところにきたね。自分のやるべきことがわかっているね」とできている面を認めます。どうしても来ないときは、「さあ、座って食べます」と落ち着いた声で、指示を出して、いやいやながらも走るのをやめて、座りそうになった瞬間「ちゃんとお母さんのいうことを聞いてくれているね」と子どもが良い方向へ向かっていることに注目します。もしお箸を使ってご飯を食べ始めたら「ちゃんとお箸を使えているね。食事のマナーが守れているね」とポジティブなところにエネルギーを出します。

このようにエネルギーの出すタイミングを意識して選ぶことによって、子どもに「良い行動の選択ができているときにそれを一緒にお祝いしてあなたの素晴らしさを称賛するよ」という強いメッセージを送ることができるのです。「問題を起こしているときには、私は反応しません（エネルギーを出しません）」ということを示すことで、自然にサイクルがポジティブな方へ回っていくようになります。良い行動の選択ができると、たくさん自分の素晴らしさを認めてくれる言葉をもらえ、良くない行動をすると反応がないということを子どもは学ぶからです。

繰り返しになりますが、子どもは、エネルギーが流れないのはつまらないのです。だから、自然にポジティブな選択ができるようになっていきます。最初は、難しいと感じるかもしれませんが、子どもとの関係が本当に苦しいと思っている人は、これを実行し始めると大きく変化します。自分の気持ちも変化します。

このタイミングを通常と反対にすること、つまり悪い行動には反応せず、良い行動には大きく反応する、ということは実はかなり難しいことです。

私たちは、育った家庭、学校教育、会社など、どこをとってもエネルギーの流れがＮＨＡとは反対のタイミングなので、かなり意識しないとつい習慣で「はっと気がついたらできていないことを指摘していた！」ということになりかねません。そのためＮＨＡは練習が必要になります。

悪いことに目が行くのはなぜ？

ハワードさんは「悪いことに目が行く」ということが、どうしてこんなに世界の多くの人間が持つ共通の特性なのかということについて以下のように語っています。

太古の昔、まだ私たちが洞窟に住んでいたころ、危険回避のために、人は周りでの変化に対し、異常に注意深く意識を払って生き延びてきました。この時代が長かったため、意識を外界に向ける、何かおかしいことがないかと意識を払うということが、私たちのＤＮＡに組み込まれています。うまくいっていること、素晴らしいところに目を向けるということが、まだ人間の意識の中で深く発達していないということを指摘しています。

私も、確かにそうだと思います。そして、エネルギーの流れを今までと逆にするということ、つまり悪いことに目を向けず、素晴らしいところに目を向けるということが、いかに難しいことなのか。そのことを理解すれば、うまくいかないときがあっても、大丈夫全然気にすることはありません。またトライすればいいのです。ＮＨＡを学び始めると周りの人たちが出すエネルギーの流れ方が気になるようになりますが、多くの人にとってはそういうことを理解すること事態が難しいのです。そう思えば、相手に対してきっと優しい気持ちになれるはずです。

では、もう少し具体的な場面で考えてみましょう。

あなたが学校の図書館にいたとします。みんなが静かに課題をやっている中で、クスクスとふざけ始めた子どもが2、3人いることに気がつきました。さて、こんなときみなさんが先生だったらどうするでしょう。

「静かにしなさい」とその子たちに注意しますか？　そして何度いってもふざけるのをやめないとしたら、「もういい加減にしなさい！」と大声で怒鳴ったり、または「そんなにルールを守れないなら図書館は使えません」と罰を与えたり、「ちゃんとルールを守れなかったら、おとなになったときにちゃんと仕事ができませんよ」などと説教したりしませんか？　こういうことすべてがネガティブな行動に反応をしてしまうということになります。

こんなとき、ＮＨＡの場合はどうするでしょうか？

この場面だったら、ふざけ始める前に、「みんな静かにしていてくれるから、他の人も快適に図書館を使えることができてほんとにありがとう」「集中して静かにまじめに取り組んでいるね」などと、このタイミングでポジティブなエネルギーを投入します。もし問題行為が起こったとしても、「おしゃべりは、やめます」と短い言葉でストップをかけ、その子たちがちょっとこちらを見た瞬間をねらって次のように言ったりします。

「あっ、すぐにおしゃべりをやめてくれたね。もっとしゃべり続けたかったかもしれないけど、今やめることができたのは、自分のしゃべりたいという気持ちを抑えられたってことだね。感情のコントロールが良くできている証拠だよ」

このように細かく、できたところに焦点をあてて言うのがポイントです。

または、子どもにスマホを持たせたが、何度も決めたルールが守れないとしましょう。みなさんが親だったらどうしますか？

「スマホを買う前にあんなに話し合ったでしょう。（激怒）なぜそんな簡単なことができないの！　親をバカにするのもいい加減にしなさい！」「こんなひどい使い方をするなら、今月で契約を切ってしまいますよ」

などと反応するかもしれません。私たちは懲罰的な社会で育っているので、どうしても罰や脅しを使うことになりがちで実際こんな風に私も言っていました。

ＮＨＡ的な対応の場合、使っていいという時間に使っているときにコメントします。

「あっ、今、携帯を使っていい時間だね。ちゃんとルールを守って使ってくれているんだ。ありがとう」

もし時間を超過して使っていたとしたら、「時間が過ぎたね。もうやめようか」そういうだけにして、ここで大きなリアクションをしないことが大切です。そしてスマホから目を離して机に置いた瞬間にも、「ちゃんとママがいったことを聞いてくれたね。私たちが決めたことをちゃんと尊重してくれたね」とコメントすることも忘れずに。

重要なことは自分のエネルギーを出す（反応する）タイミングを的確に選ぶことです。それができれば、必ずその子との関係はポジティブな方向に向かって動き始めます。そして続けるとそれが加速して良い面がもっと見えてくるようになります。

「おまわりさん」から「良いとこ撮りカメラマン」へ

通常、問題を抱えた親子だと、親が子どもの行動について、まるで「おまわりさん」の役目をしてしまうことがあります。例えば、「昨日は何時に帰ってきたと思うの？」「昨日も門限が守れなかったね。その前の日も守れてないよ」「スマホを使うのは、一日30分って決めてあるよね。3時間もずっと使っているよ。も〜、だめじゃん」という感じです。

これとは対照的に、NHAはまるで親が「良いとこ撮りカメラマン」になった感じになります。一日中子どもの良いところを、一枚でも多く写真に撮ろうと、カメラを構えじっとよく見ている感じになります。だから、それまで「なんでこれも、あれもできないの？」と思い、たくさんの不満や怒りに覆われていた親のこころが、なんと「すごい！　これもあれもできたね！」という驚きと感謝と喜びにとって代わるのです。

「そんな都合の良いことってあるの？」と思うかもしれませんが、これが本当に可能なのです。もちろん、子どもの状態が変わったわけではありません。

なぜでしょうか？

「私たちのものの見方を変えることにより、見える世界が変わってくる」と、心理学者のウェイン・ダイアー[9]は説明しています。

9 アメリカの心理学者（Wayne Walter Dyer 1940〜2015）自己啓発、心理、スピリチュアル分野で、"Your Erroneous Zones"（邦題）『今日を懸命に生きていますか　自分のための人生』など数多くの著書を残した。

「それがなんであっても、自分の注目することが、倍々になって拡大して見えてくる」ということなのです。

つまり「できていないことに意識を向けているとたくさんできていなこと」が見えてきますが、「子どもの素晴らしさ」に自分の意識を向けていれば、「子どもの素晴らしさ」がたくさん見えてくるので、その素晴らしさに驚嘆しながら毎日を送っていけるというわけです。

確かに、子どもの中にはその子の特性のため、ふつうの子ができることができない子もいます。または、機能的な問題を抱えている子、極端に反抗的な子や暴力的な子もいます。そのできないことや、問題点に目を向けていくと、できないことや問題点が本当に多く見えてくるし、子ども自身もできないと思いこみ始めるので、自信がなくなり、「どうせ自分はだめ」と投げやりになり、さらに失敗を重ねてしまうという悪循環が生まれます。

しかし、どんなに機能的に難しさを抱えた子どもでも、もし周りのおとなが「できてあたりまえ」という考え方をせず、他の子と比べることをやめると、その子ができることは無限に見えてきます。

では、次のC先生の例を使って練習してみましょう。どの瞬間に自分が反応をするのか、場面をイメージしながら考えてみてください。言葉がけはどんな風にするのかは、まだわからなくて大丈夫です。ただ、タイミングだけつかんでください！

「自分がこの先生だったら？」とイメージしながら考えていきましょう。

高校の教室で

Ｃ先生は経験豊富なＮＨＡのコーチで大きな成果をあげていたので、学校長に認められ、その高校の一番難しいクラスに配置されました。このクラスの多くの子どもが、貧困層の家庭の子どもたちで、何人かはギャングのメンバーだったり、学校も休みがちで、親も麻薬をやったり逮捕されたりというのが日常茶飯事。よく暴力沙汰も起こし、もう一回やったら、停学、退学という、素行にかなり問題がある子どもたちです。このクラスを、アシスタントティーチャーと二人で組んでクラスを受け持っていました。

ある日、クラスルームを出たとたん、教室からものすごい音がします。

「ガッシャーン！」

Ｃ先生は、あわてて、クラスに向かって走り出します。子どもたちの身に、あるいはアシスタントティーチャーに大変なことが起こってしまったのではないかという不安と心配で頭の中は真っ白でした。部屋のドアを開けてみると、部屋がめちゃめちゃになっていて、一人の青年が机を振り上げて投げようとしているところでした。きっと何かがきっかけとなってこの子はキレてしまったのです。

さあ、問題です。このような場面では、どこで反応しないようにすればいいのでしょうか？　そしてどの瞬間に反応するべきなのでしょうか？　エネルギーを出す・切るタイミングはどこでしょうか？

もちろん、ＮＨＡを使ったとしても答えは何通りもあるかもしれません。この場合は、実在のＮＨＡベテランＣ先生がとった行動を模範として見てみましょう。

Ｃ先生はこみ上げてくる怒りに身体を震わせながら思わず、

「こんなにみんなを危険にさらして、なんてこと!!」と叫びそうになりました。

でもここでは大きく反応をしません。

Ｃ先生は、まずゆっくり呼吸し、自分の中にある怒りをしっかりと感じました。そして、彼女は自分の気持ちをリセット（気持ちを落ち着ける）しました。

次に、この子に向かって「リセット（ちょっといったんやめ！）」とはっきりとしたクリアな声で言い、「その机を今すぐ置きなさい」と続けました。

ここでは冷静にニュートラルな口調であまりエネルギーは入っていませんが、はっきりとした指示を出しました。

彼は、ゆっくりとその机を降ろします。

そして、彼女は自分の強い怒りのエネルギーをハート変換させて、ポジティブなエネルギーに変えたのです。

下におろした瞬間、C先生はいいました。ここがエネルギーを出すタイミングです。

「よく頑張っておろした。きっと怒りが爆発して投げたかったと思う。もしそうしたら、誰かを傷つけてしまったかもしれないね。でもその気持ちを抑えてよく机を下に置くことができた。それはあなたが感情を自制する力を持っているからだ。本当に素晴らしい！　投げないでくれたということは、きっとみんなの安全を考えてくれたと思うし、自分の将来のことも考えたのだと思う。それは、自分を大切にすることができているってことだね。そのように自分も他人も尊重してくれるのはあなたの素晴らしいところだね！」

といいました。

次の日、C先生は、内心、昨日あんなことがあった後で、彼が学校に来られないのでは？と心配していました。でも、その子は登校してきました。その姿を見たこのときがエネルギーを出すタイミングです。

「よく学校に来られたね！　昨日のあの事件の後でもしかしたら来にくかったかもしれないけれど、ちゃんと来られたということはあなたには非常に大きな勇気があるってことよ！素晴らしい！」

この子は、その後どうなったと思いますか？　実は、この子はその日から毎日出席して、無事高校を卒業することができました。彼は卒業式に、その先生に「ありがとう。僕を信じてくれて」といって巣立って行ったそうです。

さあ、みなさんもお気づきだと思いますが、通常ならよく起こりうることがここでは起こっていません。例えば、「おまえなにやってんだ〜！（怒）」とかそれに続く長いお説教、または校長室に呼ばれ、退学処分になるようなお話などなどです。

その代り、奇跡的なことが起こっています。このC先生は、激しい怒りの感情をもハートの中で瞬時に転換し、相手の素晴らしいところを見つけてそれを称賛するエネルギーにすることができたということなのです。

こんな瞬間にも自分の良いところを「本当の意味で見て」もらえたこの生徒はきっとこの体験を一生忘れないでしょう。おとなの理論で諭されたり、怒られたり、説教されたりすることで変わるのではなく、この子は自分の可能性を本当に信じてもらえることで変わったのだと思います。この子がどんなトラウマを抱えていたのかはわかりませんが、それをすべて乗り越えられるぐらいの力になったのです。

さすが、ＮＨＡ経験豊かなC先生です。脱帽ですね〜。涙ながらに話してくれたC先生に感謝を送ります。

子どもはなぜテレビゲームに夢中になるのか？

もう一つ理解しておきたい理論があります。それがテレビゲーム理論です。学校の宿題は、全く集中できないけれど、テレビゲームには非常に集中力を発揮して、プレイが上手で高得点を出すという子がよくいませんか?

あれはなぜか、ハワードさんは考えました。その秘密は、テレビゲームは子どもを成功に導くように作られているからなのです。ゲームは子どもがもっとやりたい! と思うようにデザインされています。

つまり、ポイントやお金を稼いでいくことが割合簡単にできるようになっています。ある程度頑張ると、ステージクリア! になって、ファンファーレが流れ、紙吹雪が飛び、主人公もガッツポーズをとって、お祝いしてくれます。そしてまた次のステージに上っていくことができますね。

もし、間違ったり、ルール違反をすると、どうなりますか?

誰かおとながでてきて、「君はね、こんなことしていたら、人生を棒に振るよ。こんなところでつまずいてはいけないんだ! もっと頑張れ」なんて話にきませんよね!(笑)

ただ、ブブーと鳴って、リセットボタンを押すとまた新しい画面になって初めからやり直しになります。なにも罰を与えられることもないけれど、間違ったら、確実にブブーになります。「まー、今回はよしにしてやるか」なんて言いませんよね。

ＮＨＡでは、テレビゲームというものを次のように考えています。

・ごほうびを常にもらえるように作ってある。
・子どもの成功により、スコアがアップしたり、ベルやホイッスルが鳴ったりして、常に祝ってくれる。
・ルールはとても明確で常に同じ結果がで出る。
・失敗したらいつも同じようにペナルティーが必ずつく。
・失敗してもすぐそのあとにゲームに戻れる。
・だから、もう二度と同じ間違いを繰り返さないようになる。

（NHA Visual Training Manualsの資料より）

このテレビゲームの仕組みのように、子どもを必ず成功に導いていくことが日常の生活で可能なのです。あのテレビゲームに注ぐ情熱と同じくらいに、イキイキと人生を生きていけるようにしてあげられるのです。コツはゲームと同じです。常に、「ほら今、成功している」「ほらできた」「ほらまたできた」と日々の生活で良くできたことをたくさん指摘してあげるのです。でもときには、失敗や間違うこともあるでしょう。そのときには懲罰的にならないで、すぐに新しいチャンスを与えてください。そしてすぐにまた「成功」「できた」「こんなところが素敵」と言い続けることができれば、良い選択をする深い動機づけができます。

私も過去子どもの暴力により受けた打撲は数え切れないほどたくさんあります。でも、そこに目を向けて悩み続けるのは意味がありません。それが終わった瞬間にそれは終わりなのです。にもかかわらず、私たちの多くがそこにとらわれてしまいます。「どのようにしたら改善するのだろう」「罰を与えてこんなことしてはいけないと教えなければ」などと…。自分の気持ちも立ち直るまでには時間がかかります。でも終わってしまったことをいつまでも考え続けるのではなく、自分を今に戻すことが大切です。

過去の問題について思い悩むことに時間を費やさず、今この瞬間の娘の美しく成長している姿、いつも歌を歌いながらものを作っている様子、友だちと楽しく会話している姿等々、そんな彼女の姿に、ちゃんと成長している奇跡を見ることに全力を集中させます。例え問題を起こしても、たいしたことはないのです。すぐに自分の意識を戻して、カメラを持ち直し相手の素晴らしいところをまた撮り続けましょう。

「内なる豊かさ」を持つということ

今、たくさんの子どもたちやおとなたちがとても低い自己肯定感に苦しんでいます。どうしても自分を信じたり好きになったりすることができず、頭の中で、「私ってなんて弱いんだろう」「ぼくってどうしようもない人間だ」「自分なんか生まれてこなければよかった」「オレってダメなやつだ」など自己否定する言葉が常にぐるぐる回っています。ＮＨＡはこのような間違った自分自身の認識を正して、今の自分を受け入れ、人生のより良い選択ができるように促します。

ＮＨＡは、自分がどんなふうに世界をとらえ、自分とはどんな人物なのかという理解をより良いものに変えることができます。子どもであれば、自分がポジティブな言動をするときに逃さずそれを認めてもらえます。そして、自分を認めてくれる称賛・承認の言葉やポジティブなエネルギーをたくさんもらえることを学びます。

「あなたにはこれから大きな可能性があるんだ」などと説教されるのではなく、子どもが実際にやっているその瞬間をとらえて、「ほら今できているよ」と証拠をあげて指摘し、賞讃してもらえるのです。

今起こっている事実を認めてもらえるので、おとなも子どもも「あー本当だ。私って忍耐力があるんだ」「私って優しいところがあるんだ」「私っていい親なんだ」「人を思う力がある」「イライラしても気持ちを上手にコントロールできた」とこころの底から実感できるのです。これが「内なる豊かさ」です。

「内なる豊かさ」とは、誰かと比べて勝っているかどうかということではありません。ありのままの自分を受け入れ、その中に自分の素晴らしさについて気づき、自覚し、自信を持てている状態をさします。この「内なる豊かさ」が育っていると「わたしってなかなかいい！素敵だよ！」というポジティブな自分像を築くことができるのです。

このような内なる豊かさを持った人は、周りが何と言おうと、こころの中で自分を信じる力を持ち、それでいて周りに寛容で、自分を大切に生きていける源を持つことになります。つまり人生がどんな難題を投げかけようと、自分の最善の部分を見続けることができるのです。子どもにそんな「内なる豊かさ」を持ってほしいと親なら誰もが望むと思います。そして、私たち自身もそうありたいのではないでしょうか？

親が手放さなければならないこと

今までカウンセリングをしてきて、私が確信を持って言えることがあります。それは、「親としてどうしてもここは譲れない」と思っていることについて、少し肩の力を抜くということです。

親なら誰でも自分の子どもに「問題なく生活してほしい」「苦しむことなく成長してほしい」と思います。だからこそ、子どもが「悪いこと」をするときに怒るし、学校に行かなければ行きなさいと怒鳴るし、理不尽なことを言う担任の先生がいれば文句を言いに行きますよね。もちろん、確かに子どもの人権を守るために実際行動を起こさなければならないときはあります。

でも子どもにまったく苦痛を感じさせないまま人生の荒波を乗り越えられるよう守ってあげることは、無理なのです。

今の日本では地震等自然災害でたくさんの人がトラウマを抱えています。何の罪もなくても病気・障害を持って生まれてきたり、事故に巻き込まれたりすることもあります。いまだに暴力をふるう先生と出会う子どももいるでしょう。酒乱の親や、虐待する親の元に生まれてくる子どももいます。

必ずしも親は子どもを、苦痛から守り通すことはできないのです。

でも、それが悪いことかというと、一概にそうとは言い切れません。多くの叡智のある人たちは、過酷な環境を選んで生まれてきます。私たちは人間として成長するために、人生に課題をもって生まれてきます。もし、なにも「苦痛」や「問題」がなければ人は成長しません。苛酷で苦しい体験を通して私たちは、本当に愛すること、優しさを表現すること、感謝すること、自分を信じること、真の喜びなど多くのことを学びます。だから、子どもが苦しい状況にあったとしても、「自分がなんとかしなきゃ」と過剰に不安や心配に駆られるのはあまり役に立たないどころか、かえって子どもにとっての成長の機会を奪うことにもなりかねません。親としてのその自然な反応は理解できますが、ぐっと肩に入った力をふ〜と抜いてみましょう。ゆったりとした呼吸をしながら見守りましょう。

ではその代わりに親として何ができるのでしょうか?

それは、どんな状況になっても常にその瞬間のその子の輝きを見つけられる力を育むということなのです。たとえ、子どもが「間違ったよくない道」を選んでしまったとしても、そこでもその子の本質の素晴らしさを見続けるということはできます。

たとえ子どもがご飯の前にお菓子を食べたとしても、友だちを殴ったとしても、学校で大きな問題を起こしたとしても、自殺未遂をしても、うつになり休職しなければならなくなったとしても、麻薬を使ったり、犯罪を犯したとしても、常に子どもの素晴らしさに注目します。どのような状況であっても、この子の内なる豊かさが育ってきているところに、徹底して目を向けます。

究極的には、ＮＨＡは、子どもの素行を改善させるために、やるのではありません。目に見える改善や結果を求めるというよりも、親自身のものの見方を変えることによって、どんな状況でもこの子の内なる豊かさに驚嘆できるようになる練習です。それを続けると、結果的に子どもが良い選択をできていくということが、後からついてくるのです。

NHAの3つの誓い

NHAの最も重要な3つの柱です。

第1の誓い：NO！　ネガティブなことに反応しません

ネガティブな言動に関して、大きく反応をしたり、こころのエネルギーや時間をそのために使ったりしません。自分の時間とエネルギーは、素晴らしい点を見つけるためだけに取っておきます。

第2の誓い：YES！　ポジティブなことに大きく反応します！

自分の価値観や見方を変えることにより、どんなに小さいことであろうと、子どもの素晴らしい本質に気づき、その偉大さを積極的に見つけます。そしてこれをこころから認めて、お祝いする、または感謝するような気持ちで称賛します。実際に起きていることを言葉にしながら、常に成功や達成を認めます。

第3の誓い：クリア！　ルールは明確に

やってはいけないこと、しなければいけないことのルールは明確にします。もし、そのルールを破ったら、必ず毎回リセット（やめ、ちょっと休み、おしまいという意味）します。

（NHAの要旨　配付資料　The 3 Stands™より）

第1の誓い：NO！

ネガティブなことに反応しません

今までの子育て・指導の仕方でやってきたことをいくつか手放しましょう。大丈夫！　心配しないで!!　最初はびっくりして、慣れなくて、ちょっと違和感を感じるかもしれませんが、みんなが通る道です。多くの人がここを乗り越え、驚くような結果を経験しています。安心して、今まで信じてきたことを思い切って捨てましょう！

手放したほうがいい、つまり、やめなければならないふつうの子育て・指導とは、「問題点に注目する」方法のことです。

子どもが問題行動を起こしたときに、

・「あ〜っ、お友だちをたたいちゃ、だめじゃな〜い!!」と大きい声を出す。（注意する、怒鳴る、感情的になる）

・「ここができていない」と指摘してなんとかできるように説得・説明に時間を費やす。（こころに訴えるような説教）

・「こんなこともできないんじゃ、今日はテレビはなしね！」（脅し）
・謝らせる（悪いことを自分に考えさせ、反省させる）
・たたく、殴る、人格を否定するような暴言を吐く（肉体的・精神的虐待）

つまり、これらのやり方は、すべて「ネガティブな問題行動に自分の焦点をあててしまう」子育て方法といえます。

NHAは、これをなるべく最小限にとどめるようにすすめています。そのためには、子どもが問題を起こしたときに、自分の気持ちをまず落ち着かせ、大きな反応を起こさないようにすることが大切になります。（だからと言って、もちろん問題が起こるのを無責任に放置・無視するわけではありませんし、子どもの安全に関わるようなときにはすぐに危険回避の行動はします。もし、子どもがルールを破ったときは、ちゃんと見ていてその都度「リセット（ちょっとお休み、気持ちや行動の切り替え）」をします（130ページで詳しく説明）。ダメなものはダメと必ずクリアに線を引きます。

このやり方はふつうの子育てと比べてみると、ある意味厳しいと言えるかもしれません。

私たちは多くの場合、子どもが間違った行動をしたとき、そのことをきっかけに子どもにわかってほしい、理解してほしい重要なことを話そうとします。

例えば、

・お友だちの悪口を言ってしまったときに、「お友だちのこころが傷つくから、悪口は言わないようにしようね」とか、

・門限を破って遅くまで帰ってこない思春期の子どもに、「門限は守ってほしいよ。あなたの安全のためなんだから！」とか、

・暴言を吐いたときに、「そんな汚い言葉でののしらなくても、自分の気持ちはちゃんと伝えられるよ」

などと、教えようとしますね。

このような場合でＮＨＡを使うと、まずリセット（やめようねなどの意味）と短く冷静に言いますが、問題行動について話し合ったり説得したりしません。この子どもが失敗したタイミングでは教えないのです。子どもに伝えたい「人生の大切なこと」を伝えるタイミングは、子どもがすでにその大切なことができているときなのです。ルールがすでに守られているときをねらって、「すごいね！　すてきだね！　大切なことが、わかっているね」と、子

どもの成功をしっかりとつかんで子ども自身に伝えます。

子どもは、自分のネガティブな問題行動へのおとなの介入（説教や、咎め、罰）によって学ぶのではなく、自分がすでにできていることを認めてもらえることによって学んでいくのです。その子の素晴らしさに注目することにより、自分のうちに「できる！　できる！　僕ってすごい！　自分が大好き！」と思える「内なる豊かさ」を育ててあげることができます。


安全第一です！


ネガティブなことに自分のエネルギーを注ぎません、という第1の誓いですが、もし身に危険がありそうな状況のときは、もちろんまず危険回避をします。

と言っても、いろいろなバージョンがありますね。

例えば、
鉛筆の芯を食べている子がいる。

「おもちゃ買ってくれなきゃ、いや〜」と言って、デパートの床で転がる。

「いますぐクレヨンしんちゃん見せてくれなかったら、これ（食器）壊すよ」といって脅す。

「切るからね」といって包丁を自分に向けている。
「ギャー」と言いながら、頭をかべに打ちつけている。
「死ぬ」といってベランダから飛び降りようとしている。

そんなときの対処の基準は、どのくらいの危険度があるかです。

それぞれの状況によりますが、自分の経験から「これは許容範囲であるかないか」という判断をまずして、対処します。

ちょっとぐらい鉛筆を食べても死にゃしない！　と思えるなら、そこにエネルギーを入れず、冷静にリセットとだけいって、子どもがやめるのを待つことができるかもしれません。

デパートの床に転がっても、あまり人がいなくて、迷惑にならない程度だったら、そこに反応せずに、リセットといって、体の向きを変えて、ちょっと落ち着くまで待ってもよいかも知れません。ひどく混みあった場所で、周りの人に迷惑がかかるようだったら、もちろん子どもを抱えてその場から出ることも必要となるでしょう。

頭を壁に打ちつけていたとしても、打ちつけ方の度合いにもよります。軽く打ちつけてる程度なら大丈夫と判断できるかもしれません。

食器も壊されたら本当に困る大事なものもあるけれど、どうでもよいものもあるでしょう。つまり、なるべくすべての場面において、大きな反応をしないように努めることが鍵です。

とはいっても、本当に危険だと判断したときはもちろん即刻対処しなければなりません。包丁を自分に向けてきたら、落ち着いた声で、包丁をすぐに手渡すように言って、やめさせるし、ベランダから飛び降りそうになったら、即刻取り押さえ、やめさせます。

こんなときは、なるべく接触する時間や度合いを最小限にとどめ、話し合ったり、ヒステリックになったり、大声で騒いだりすることはしません。

まず、親自身の気持ちをリセットして、本人が落ち着いてきたらすぐにその危険行動をやめることができたことをお祝いします。

それぞれみなさんには「これはどうしてもだめ」という境界線のラインが違うと思いますので、一概に「こういう場合はこうします」というようなルール的なことは言えません。ハワードさんも「ハウツー」系の答えは避けています。大切なのは、原理を理解してご自分でその場その場の対処を考えてほしいのです。

例えば、こんな場面だったらどのように対処しますか？　一緒に考えてみましょう。

教室や家庭の場面です。子どもが自分の感情が激昂して、気持ちがパニックってしまい、泣きながらものを投げたり、身体をかきむしったり、頭を壁に打ちつけているとしましょう。

さあ、こんな場面ならみなさんならどうのように対応しますか？

ＮＨＡの方法で対応してみましょう。
①まず自分の気持ちが落ち着いていることを確かめ、体にタッチするのを避けながら（エネルギーが流れてしまう可能性が高いので）、言葉ではっきりと落ち着いた声で「はい。落ち着きます。頭を打ちつけるのや、かきむしるのを、今すぐやめます」と言います。そしてすぐ自分の体の向きを変え、そこに注意を向けるのをやめます。
②この子ではなく、周りでこの子の行動に意識を払わず自分のやることができている子に自分の注意を向けます。そしてその子に向かって「集中して課題に取り組めていて素晴らしい」と、コメントします。つまり、周りで、この子に向かって反応していない子をみつけて、その子の良いところを言葉にするということです。
③大声が小さくなった瞬間、物を投げるのをやめた瞬間、かきむしるのをやめた瞬間、

頭が壁にあたらなくなった瞬間をねらってコメントします。「気持ちが一杯一杯になっちゃったけど、今、投げるのをやめたね。頭を打ちつけることをやめることができているね。自分の気持ちがどうしようもなくて、どうしていいかわからなくて、ものを壊したくなったり、思わず頭を打ちたくなっちゃうけど、強い意志でやらないという選択が今できているよ。自分を大切にすることができているんだよ。自制心があるんだよ」などなど。

④①〜③の対応によって、効果が上がるためにはふだんからこの子に向かってたくさんのポジティブなエネルギーが流れていることが前提です。ふだんからたくさんのポジティブなエネルギーが流れていると、自分が何か問題行為を起こしたとき先生からのエネルギーが切れてしまう（注目してもらえない）ことを本人がわかるようになります。それが大切なのです。

また、特に、このように感情の爆発してしまったときではなく、ふだんのなにげない場面で少しでも感情のコントロールができている瞬間を見つけて指摘していくことが大事です。重ねて言いますが、重要なのはエネルギーの流れるタイミングが通常と反対になっていることです。つまり子どもがこのような行動をしても、おとなから注意やエネルギーを向けてもらえないのだということをさとってもらうことなのです。

「戦士のアプローチ」

誰にでも自分をカッとさせる人が何人かいるのではないでしょうか。外ではある程度自分をコントロールすることができても、うちに帰るとどうでしょうか？　パートナー・配偶者、子ども、親などついついキレそうになる相手がいませんか？　そんなキレそうな相手がいたとします。さてあなたはどう対応しますか？

・周りのネガティブな言動に意識を持っていかれないようにする。
・反応しすぎないようする。常にポジティブな方向を見るようにする。

そう思っていても実はそう簡単にはいきません。ぶれないためには非常に強い力が必要です。ちょっと自分のことを考えてみただけでも子どもに対してだけでなく、自分や他人に対して持つ、ちょっとした批判、ムッとした感じ、不満、文句がどんなに頻繁に沸き起こってくることか。

「あの車ちょっとスピード出しすぎでしょう」「あの人あんな高額なハンドバッグ持っている」「やっぱりあの人は私のことバカにしている」などと、頭の中で常にネガティブな思考が動いているし、自分のエゴ（間違った思考）[※]は、このようなことを考えるのが大好きです。その思考にとらわれないようになるには、自分の間違った思考に気づける力を養うことだと私は思います。そのうちにだんだんエゴによる思考に振りまわされなくなってきます。

もし暴力がある場合、ネガティブな思考に持っていかれないようにするには、かなりの難しさを伴います。された側は恐怖感が伴うからです。恐怖にかられた思考は、かなり強い力で私たちのこころをコントロールしようとします。そのため多くの場合は、それに対して強く罰する、懲らしめるという思いにかられてしまいます。

私も精神病院で働いていたとき、患者に殴られそうになることがありました。周りのスタッフはそれに激怒して、この患者をすぐに拘束し独房に入れ、鎮静剤を注射することになりました。このような反射的な過剰な拘束は、病院でなくても、似たような反応が起こることは、みなさんもご理解いただけると思います。

※162ページ参照

　また、この「間違いを起こしたらあやまって反省する・罰を与える」のが常識の社会で、このＮＨＡをやり続けるのは大変です。自分でやり始めても、配偶者の理解を得られなかったり、他の先生方は従来のやり方のままだったりします。周りの人は誤解して、「それじゃ甘いよ」「しつけなければだめだ」などと言われるかもしれません。そこで、相手のネガティブな反応に大きく反応しない力を養うことがとても大切なことになります。

　今まで私たちが持っている考え方の癖を手放すには、強い意志、常に意識、努力、が必要です。失敗しても自分を責めないようにしましょう。またすぐにポジティブに戻ってこられるしなやかな力を持ちましょう。テレビゲームを思い出して！

　失敗しても大丈夫。また新しく始めればいいんです。この戦士のアプローチ（内なる強さ）が素晴らしい効果をあげた事例を、次にお話ししましょう。

ネガティブに持っていかれない力を

　アメリカ人Ｄさんは、スクールカウンセラーであり、お二人のお子さんをお持ちのお母さんです。家庭のないお子さんの養子縁組を考え二人の子どもを受け入れました。

その子たちは、[10]ＦＢＩの麻薬捜査の過程で、麻薬の売買をする場所からレスキューされた子どもたちです。生まれつき麻薬中毒性を持っていて、ＰＴＳＤ（心的外傷トラウマ）を抱え、重度の愛着障害を起こしている子たちです。きっと私たちの想像を絶する悲劇を生き抜いてきた子どもたちでしょう。

ちょっと後ろを通っただけで、何をされるかわからずびくっとして殴りかかるようなトラウマの反応を抱えています。

それまでおとなから発せられる言葉は、虐待的な侮辱の言葉しかなかったので、内容に関わらずおとなから話しかけられるだけでその音に反応し、耳をふさいでしまい、全くコミュニケーションをとることができなかったのです。

この子たちの突発的な暴力行為が重なり、実子を二人抱えたＤさんは「これからこの子たちをうちで預かるのは無理かもしれない。でも返してしまうと臨床心理士の私が受け入れられなかった子としてレッテルを貼られることになり、もっとこの子たちが大変になってしまう。どうしたらよいのか？」と悩みました。

そこで、ＮＨＡを学ぶことを決意されたのです。ＮＨＡを学んだＳさんはこの子たちにその瞬間の素晴らしさを言葉で伝えようとしますが、聞く耳を持たないので、ノートに書いてみることにしました。そうやって少しずつコミュニケーションをとっていったのです。

それから、数か月後、このノートに子どもが、

「あんたなんて、大っ嫌い！　憎んでいる！」と書きました。

それを見たDさんには、「この今の瞬間、私がどのように反応するかが非常に大切なんだ」と、体がまるで電流に打たれたみたいに直感でわかりました。それは、本当にある意味スピリチュアルな瞬間だったと、あとで私に話してくれました。

そのとき、Dさんは、「もうそんなこと言うなら、うちの子じゃなくて！　出ていきなさい。こんなに良くしてあげているのに、感謝の気持ちもないの？」と怒鳴り返すことはしなかったのです。

また、「そんなこといわなくてもいいのよ。まーそのうち気持ちも変わるからさ」などと、ごまかすこともしませんでした。彼女は、こういったのです。

「あなたが今そう感じていることは、わかったよ。それはそれでいいんだよ。

10 (Federal Bureau of Investigation : FBI) 米国の連邦捜査局。司法省に属し、連邦法違反に対する捜査や公安情報の収集などを行う。

でもね。あなたを愛そうとする私をやめることはできないんだよ！」

その後、その子はノートに書きました。

「本当は、嫌いじゃないよ。愛している」

この子にとって、奇跡が起きたのだと私は思います。

Dさんのどんなに大きなネガティブなものにぶちあたっても、子どもに対する愛情からぶれない姿に私は感動を覚えます。

どんなに深いトラウマ、こころの傷、からだの症状があったとしても、正しいタイミングで発せられた本当の愛は、それらを深く癒す力があるのではないでしょうか？

その後この子たちは、成功しそれぞれ自立した生活をしながら、時々Dさんを訪れているそうです。

彼は、養子縁組の会でこんなスピーチをしました。

「親のいない子どもにとって、養子になって家族を持てるのは、最高の出来事です。人生で本当の希望を持てるようになります。僕がそうだったように。どの子もチャンスを与えられるべきです」

第2の誓い：YES!

ポジティブなことに大きく反応します

親であれば誰しもが子どもに「自分自身がどんなに尊い存在であるかを知ってもらい、自信を持ち、自分を肯定して、大切にすることができるように」育ってほしいと願っているはずです。しかし、親は直接子どもに「あなたってこんなに素敵なところがあるんだよ」と伝えることは、めったにしません。言葉で表現することを怠けているのではありませんか？

NHAを学びにやってくるみなさんが、つくづくおっしゃいます。「今までどんなに言葉にしてこなかったのかに気づいた！」と。注意はしても、子どもの偉大さを感動を持って、言葉で讃える表現をしてこなかったとハッとされるのです。

ハワードさんはこう言っています。誰かが亡くなったら、弔辞でその方がどんなに素晴らしい人物で偉業を成し遂げたのか語ります。でもなぜ生きている今やらないでしょうか？亡くなってからでは遅いのです。今からはもっと言葉で伝えていきましょう。

子どもたちの「自分って〜な感じの子」という「〜」の自分像は、周りの人、家族、先生、友だちから言われた言葉で、つくられているものです。だから、私たちが親として毎日子どもにかける言葉の質が非常に重要になります。

「まだ寝ているの？」「早くしなさい」「支度ちゃんとしておきなさいって言ったでしょう」「これじゃ学校に遅れちゃうよ」「この宿題は全然できていないよ。やり直し」「お友だちのことはいいから、自分のことをやっていなさい」「静かにできないなら、このクラスから出ていきなさい」「妹をいじめないの」「まずは、宿題をしてから、遊びなさい」「お前は腐ったみかんだ」……

永遠に続くこれらの善意からくる周りのおとなから浴びる言葉。

子どもはこれをどう解釈するかというと、「自分はだめだ」「自分はできそこないだ」と誤解しそのままおとなになってしまうのです。

そして「自分にどうしても自信が持てない」「人のいいなりになってしまう」「人がどう思うか気になりすぎて、自分のしたいことができない」「周りにどう思われるか気になってしかたがない」といって悩むようになります。

でも、今からでも遅くありません。親として子どもの「自分像」をより健全な輝いたものにすることができるのです。自分自身に対しても同じことです。自分にかける言葉を変えることによって、自己肯定感を高めることができます。

ＮＨＡでは、このようにその子やその人の素晴らしい性質を認めて称賛する言葉をたくさん相手に伝えていきます。賞讃に値する事実を証拠として細かく説明しながら、「あなたってこんなに素敵なんだ」というメッセージを送ります。詳しいテクニックは、ＮＨＡワークブック（１２１ページ〜１７０ページ）で紹介します。

「承認」と「ほめる」の違い

ＮＨＡでいう「承認」（本質を認めて称賛する）という言葉の意味は、いわゆる「ほめる」というようなことをはるかに超えた意味を持っています。ＮＨＡでいう人を根底から承認するということは、実は簡単なことではありません。

一般的な「ほめる」ということは、例えば「いい子だね」「えらいね」「すごいね」「頑張ったね」のように、たまに良くできたと思ったときだけにちょこっと言う言葉ですね。ほめたあとも、ふつうの日々が流れ、ほとんどなにも反応がないか、たくさん「これはダメでしょ」的な大きな反応があり、まれにこのような「ほめる」言葉がやってくるような感じでしょうか？

このような言葉がけは、一時的に相手の気分を良くさせるためのような、上から下のものに対するような、いわゆる「上から目線」といわれる心理的操作をするような意図が見え隠れするときもありますよね。だから、「ほめる」のは良くないとか言う人もいます。

または、反対に「ほめて育てる」と良いとか、「甘いくらいでちょうどいい」ということも言われています。

ＮＨＡでいう、「本質を認めて称賛する」とは、どちらかというと相手に感謝をもって、こころからお祝いする感じです。

このレベルで承認・称賛できるようになるためには、次のようなことがとても大切なこととなります。

郵便はがき

料金受取人払郵便

神田局
承認

2216

差出有効期間
平成29年6月30日まで

（切手不要）

101-8791

508

東京都千代田区神田
神保町 2-32 前川ビル

じゃこめてい出版 行

フリガナ	性別　男・女
お名前	年齢　　歳

ご住所　〒
TEL　　（　　）
E-mail アドレス
ご職業 1. 会社員　2. 公務員　3. 学生　4. 自営業 5. 主婦　6. 自由業　7. その他

お買上げ書店名	今後、小社の刊行物に関するご案内をお送りしてもよろしいですか □ 可　□ 不可

※ご記入頂いた個人情報はご希望の方への資料などの送付のため以外には使用したしません。

じゃこめてい出版の本をご購入いただきありがとうございます。今後の出版活動の参考にさせて頂きますので、以下の質問にお答え下さい。どうぞよろしくお願いいたします。

● お買い上げいただいた本のタイトルは何ですか。

● 本書を何でお知りになりましたか。

1. 書店で見て　2. 広告を見て（新聞・雑誌名　）
3. 書評・紹介記事等を見て（新聞・雑誌名　）
4. 人にすすめられて　5. インターネット
6. その他（　）

● よく読む新聞・雑誌などがありましたらその名前を教えて下さい。

● 本書についてご意見、ご感想をお聞かせ下さい。

● 今後お読みになりたい本（テーマ、著書など）興味をもたれていることなどを教えて下さい。

※お寄せ頂いた感想を広告、HP等でご紹介してもよろしいですか

1. 掲載してもよい　2. 掲載しないでほしい　3. 匿名ならよい

・相手を本当に細かくよ〜く「見る」こと
・「あたりまえ」のことも、その意味を本当に深く考えること。「あたりまえ」に存在するものなどはなく、存在自体が実はありがたいということに気づき、感謝すること。
・自分の価値観と合わなくても、そこに素晴らしい要素を見出す力を養うこと。
・一見、素晴らしい本質が見えづらくなっていたら、見えるような機会を作り出すこと。
・毎瞬、毎瞬、感動をもって相手の輝きを、言葉で讃えること。
・成果を重視するのではなく、相手の性質上の偉大さを指摘すること。

このように言葉で常に自分がどんなに素晴らしい本質を持っているのかを、感激をもって祝ってもらえると、人はどのように変化するのでしょうか？

脳梗塞で倒れた母への試み

遠方に住む要介護の母親を五十代の女性が「本質を認めて称賛する」ことによって母親が気力と健康を取り戻すことができたお話を紹介しましょう。

——85歳の母は昨年、脳梗塞で倒れて以来、残された能力の低下を阻止すべく努める長男夫婦とともに楽しくも苦しい日々を送っています。そんな母へのＮＨＡです。

頑張り屋の母は、片麻痺が残り、リハビリで大分回復してきたころ、「ほめられると馬鹿にされた気分になるんだよ…」と言いました。

「上手ですね」とか「できたじゃない」とか「なるべく自分でやりましょうね…」などという声かけには、「こんちくしょうめ…」とこころを傷つけられ悲しみと怒りがわくのだそうです。

歳をとってできないことは増えても、人間としての尊厳には変わりありません。できた、できないという、子ども扱いの様に感じられる声かけはときに酷く、腹立たしい気分になり、こんなに落ちぶれてしまったのかとガッカリしてしまうというのです。

そこでＮＨＡを試みてみました。

できたことやその人の能力をほめるのでなく（関係性やその方との立場によりほめられるとは、ときに見下されたように感じられるものです）、その人の性質や人間性などの輝きに気づき、間髪を入れず、感動を持って祝福する様に相手に伝えてみました。

「ここまで、よく回復したよねー。驚きだよ。つらいときもあったね。でも、リハビリやり続けたね。それは、お母さんのあきらめない根性と迷惑をかけたくないという信念と人への思いやりからきた努力だと思う。これまで努力の人生だったけど、今でも、こうして努力しているんだねー。お母さんの生き方には敬服するよ！」

「麻痺の身体では脱いだり着たりも難しいのに、オシャレや身だしなみに気をつけようとするお母さんには、人生を楽しみたいという前向きさが現れているね。おかげで明るい気分にさせてもらえた。私も負けちゃいられない。ありがとうね」

週一度の電話でのＮＨＡで、母は声に張りが出て愚痴や批判も無くなりました。母と私の関係性も改善されてきています。

幼いころ、母からこころを傷つけられたことなどまるで無かったかのように、今では母をありのままに受け入れられています。

母へのＮＨＡによる祝福は、私への祝福となっています。

母は、今では元気だったころのように前向きでエネルギッシュに出歩いています。麻痺の身体で週４日もデイサービスに楽しく通い、人生を謳歌しています。

Eさんは、お母さんが本来的に持っている、「頑張る力」「やり続ける力」「人への思いやり」「あきらめない力」「人生を楽しもうとしている」というような素敵な輝きに注目して、具体的に本人がしたことを例に挙げながら、相手を称賛しています。

しかし、見方によってはそう取れないときもあるでしょう。

例えば、もしEさんが「お母さんリハビリするのはあたりまえでしょ」と思っていると、愚痴をいつも言ういやな母親にしか見えません。「なんで一生懸命にやってくれる職員の人に感謝の気持ちも持てないんだろう。電話で話しを聞くだけでうんざり」と思っていると、このような言葉は出てきません。

つまり自分の見方を変えて、お母さんの素晴らしいところはどういうところなんだろう？と思って探していると、違うものが見えてくるということなのです。

お母さんが機能的にどのくらい回復したのか、その成果は、あまり関係ありません。もし万が一、お母さんがここで転んでしまい、寝たきり状態になったとしても、そこにお母さんの素晴らしさを見つけてください。「体がうまく動かないという不自由な状況になったのに、悲観的になったりしないで、お医者さんの指示をしっかりきいて理解しようとしているね。

今の状況でもできる限りのことをしようとするお母さんの意欲的な姿勢が見えて素晴らしいと思う」というように。

ところで、「陰で人の悪口を言うということは、非常に悪いことだ」と固い信念を持っている人がよくいますよね。そういう人は、かえってそこに自分の意識が集中してしまって、相手の輝きに目を向けることが難しくなり、自分の価値観で相手を裁いたり、非難してしまうので、この「〜でなければならない・べきだ」という固い価値観を手放していくことが必要となります。

「それは明らかにおかしい。だめだよね」と思ったときは、相手を批判せず、自分の見方を変えて相手の輝きを探すことです。

自分の視点・見方を変える

第2の誓いの「ポジティブなことに大きく反応する」とは、ありのままの現実をよく観察して見据えながら、まるでその場面を写真に撮るように事実を言葉にするということです。そして、意識的にその出来事をより良いほうに解釈をし、そこに素晴らしさを見ようとします。

例えば、梅雨の時期に、「このところ毎日雨ばかりで気分が滅入る。じめじめしてて、ものは腐りやすいし、いやだな〜」と思うこともできますが、「このところ毎日雨がしとしと降っている。この恵みの雨のおかげで、山の緑が育ち、お米が育つんだ。日本の美しさを作ってくれているのが、この雨の力なんだよね。湿気のせいで、私のお肌も潤っている感じがする。雨に感謝」と考えることもできます。

例えば、特性のある子が教室を走りまわってしまって椅子に座っていられないとしましょう。お友だちに罵声を浴びせ、先生にも「あの先生大っ嫌い」といって、消しゴムを投げたり、鉛筆を手にさしたりしている子がいたとしましょう。

それを見た先生は「なんて落ち着きのない子だ。とても小学3年生とは思えない。これじゃ勉強をすることなんてムリ。家に帰ってもらいたい。お薬が必要かも」と考えることもできるでしょう。

または、「この子は少なくても今教室にいる。ランドセルも持ってきている。ということは朝早く起きて、いやだったかもしれないけれど、学校に行く支度をして来ることができている。今日はとりあえず、一瞬でも椅子に座ることが、2回できた。〝嫌い〟という自分の素直な気持ちを言葉で伝えることができている。ちょっと困る行動をとることによって、一生懸命に周りからの注目を集めようとしているということは、つまり人と関わりたいという気持ちの表れだ」とすべてを良く解釈することもできます。

では、自分に起こることを例にとって練習してみましょう。あなたは今日車に乗って出勤しましたが、途中で衝突事故を起こし、病院に運ばれました。片足を骨折して6か月の入院生活になりそうです。さあ、あなたはこのような状況をどう考えますか？

悪くとったとしたら、あなたはきっと「みじめ、不安、心配、恐怖」による思考回路にはまりこんでしまうことでしょう。

でももし見方を変えてこの状況を良く解釈しようとしたら、どのような考え方ができますか？「この事故が自分の人生で起こった最高のこと」と思えるように考えてみてください。

例えば、

「こうやってゆっくり横になっていると、時間があるのでよく考えるようになった。健康について、家族について、仕事について、今までただあたりまえの日常だったものについてもう一度よく考えてみた。自分がどんなに恵まれているのか、大切にされているのかに気づいた。そして自分にとって今の仕事はもう合わないのだ、ということにも気づいてしまった。これから大きく自分の人生を変えなければならないけれど、この拾った命を大切にして本当に自分が何をしたいのか、人生をどう過ごしたいのかもう一度考えてみよう。

もしかしたら、ずっとこころの底でやりたいと思っていた陶芸をまた再開できるかも。一見悲惨な出来事だったけど、これがあったからこそ、人生に本当に重要なことに気づいた。この体験に感謝」

思考の訓練によって、どんな場面でも光（人の本質の輝き）の部分を見ることが可能になります。前述したように、ここで重要なのは、自分のエゴにとらわれなくなることです。エゴというのは、「〜でなければならない」というような自分と周りを縛る考え方や思いこみや、自分を他人と比較して自分を大きく感じたり小さく感じたりすることなど、恐怖や不安などを作り出す思考のことです。また、「なんで私だけこんな目に合うんだ」というような被害者意識などです。つまり自分という存在を何かのもの・価値観・状況などで定義づけられると思いこんでいるものです。

エゴにとらわれなくなっている状態だと、本当にその瞬間の相手の素晴らしさを感じとることができ、感動で胸が震える中、こころから発せられる言葉になります。その言葉は、本当にパワフルで力を持ちます。その人の人生を変えることもあります。

詳しくは、ワークグブック（121ページ〜）で紹介します。

ベビーステップ

私たちの見方、捉え方を変える際に役に立つヒントをお話しします。

それは、あたりまえだと思っていることが、じつはあたりまえではないことに気づき、その価値に感謝するということです。そして私たちがやってしまいがちな「これぐらいできてあたりまえでしょ・あるのがあたりまえ」と期待するラインを上げてしまう癖をやめるということなのです。

私たちは、はじめて赤ちゃんと出会ったとき、その生命の奇跡に感動し、日々できることが増えていくその姿を見て、どんな小さなことでも大喜びをします。

赤ちゃんが最初の一歩を踏み出したその瞬間を見たときの感動を覚えていますか？

例えすぐ転んでしまったとしても、膝がぐらぐらしていても、まだ一歩出せなくても出したいともがいている姿を見たとしても、私たちは、それを見て興奮しながら、「すごいよ！頑張れ!!」って応援しますよね。

そんなときに、「なんで歩くこともできないんだ！　走れ！」なんて、赤ちゃんに言う人なんかいないですよね。その弱々しいけど、踏み出した赤ちゃんの初めての一歩にこころからの感動を覚えずにはいられません。

でも割とすぐに、いつの間にか私たちの「できてあたりまえ」のラインが、ぐんぐん上がっていきます。そのラインに到達しないとき、私たちは他の子と比べ、また常識と照らし合わせ、「〜ができていない。ダメだ」と指摘してしまいます。

その瞬間のその子の素晴らしさを見るというよりは、できていないところを見つけてそこを指摘してより向上させるという、私たちのお得意のやり方にいつしか変わっていってしまいます。

ＮＨＡの考え方の画期的なところは、「できてあたりまえ」のことを「これができているということは、本当にすごいことなんだ！」というものの見方をするということなのです。

つまり自分の「これくらいはあたりまえ」のラインをず〜〜〜っと低くします。そして積極的にその「あたりまえだけど本当はすごいこと」の瞬間をつかみ取り、言葉で承認していきます。

例えば、小学校4年生の子ども。朝早く起きて、自分で身支度ができて、学校に毎日行けることを見てみましょう。これをあたりまえのことと、捉えることもできますよね。

でも、ＮＨＡ的に詳しく、よ〜く見てゆきましょう。

朝眠くても起きるということは、健康のあらわれでもあるし、自分で学校へ行こうという意欲が見られます。それはもしかしたら、自分のために学びたいという向上心からくるかもしれないし、お友だちが大好きという友人を思う気持ちがあるからかもしれません。自分で支度ができるということは、自分で時間の管理ができていて、身支度で自分をケアする力があるということです。

学校では多分いろいろいやなこともあるでしょうが、その気持ちのバランスをとりながら、歩いて学校へ行けるその体力と気力、精神力が素晴らしいということですね。

私たちは、これまでの常識として、できていないところを探して「反省して改善させる」「悪いことには罰を与える」というやり方を長年使ってきたため、そのひずみで苦しむ子どもたち、おとなたちがたくさんいるのではないでしょうか？　学校でも、家庭でも、会社でも、様々な場面でこの考え方が主流にあり、それからはみ出す人は行き場所がなくなります。NHAは根本的にこの考え方と正反対です。つまり自分の「あたりまえライン」を調節することで、「こんなにできている。素晴らしい」というところをたくさん見出すということです。これができると、どんなに絶望の淵にある人でも、希望を見出す力が生まれてきます。

「こんな風に、子どもをほめていくと、どうなっちゃうんでしょうか？」

今まで日本でワークショップを何回か開催していますが、繰り返しこの質問を受けます。つまり子どもが驕りの気持ちで一杯になってしまい、謙虚さを忘れ、人間関係でかえって問題が起こるのではないか？

人から認めてもらえなかったら、ひどくがっかりするのではないか？　世間はそんなに甘くないからかえってよくないのでは？

この質問は、まだＮＨＡでいうところの「承認」と一般的な意味の「ほめる」の違いがよくわかっていない段階での質問だと思います。

ＮＨＡで目標にしているのは、その人の根本から認めることにより「内なる豊かさ」を育てることなのです。「内なる豊かさ」とは、人と比べてどうかとか、何か特別な才能があるからあなたに価値があるということではなく、実際の体験の中で自分の素晴らしさを数多く実感している状態だということです。その内なる豊かさが育っているときは、自慢する必要もなくなり、周りで称賛してもらえなくても、より自信を持ち、揺るがず、安定して、真に人生を生き抜いていく力が育つのだと思います。要するに「自分が好き！」と素直に笑顔で言える状態です。

ただし、時々もらう安物の駄菓子のようなほめ言葉には本当の栄養分はないので、自分に対する深い信頼感や自己肯定感は育ちません。自分の中で低い自己肯定感を持っている人は、このようなほめ言葉はハートに届かず、実感として自分の素晴らしさを感じることができないのです。その結果、人と比べてますます落ち込むか、その逆に優越感から驕った態度を示すことになったりします。その場合本当のこころの中では自分に自信が持てず、人に批判される不安感で一杯の空っぽな感じなのではないかと思います。

栄養のある注意を向ける

ハワードさんのお話の中で特に印象に残ったお話を引用します。

「難しさを抱えた子どもは一日のうちにたくさんのネガティブな注意を受けます。そのため本当の意味で自分を見てもらいたいという飢餓状態におかれることになります。寝る時間になっても落ち着かない、睡眠パターンがばらつくなどは、そのような心理的な栄養不足になっていることが原因で引き起こされる場合があるのです。

おなかがすいていれば眠りにくいのと同じで、情緒的な栄養分が少ないと眠りに支障をきたします。

何百人もの睡眠障害を抱える子どもたちを見ている経験から言えるのは、親がたくさんの高いレベルの情緒的に栄養のある注意を向け始めると、すぐに睡眠障害が改善するということです。

ネガティブなことで注意を受けることは、ジャンクフード（駄菓子）のようなものだということです。つまり、その瞬間はちょっとは良いけれど（エネルギーが流れるので）、本当の必要（こころ）を満たすことはできません。一日たくさんの駄菓子を食べて脂肪分や糖分からカロリーを摂っても、本当の栄養分が少ないので、寝る前には心理的な飢餓状態になっているみたいなものです」

ハワード・グラッサー（ＮＨＡの「ファウンデーションコース」資料より）

ＮＨＡの承認・称賛をたくさんしていくと、このような心理的飢餓状態から変化してゆき、こころが満たされた状態になっていきます。そうすると、睡眠障害だけでなく、摂食障害、自傷行為、生涯その特性は持ち続けるといわれている発達障害までも、結果的に改善していくことがわかっています。

この第2の誓いは、本当に驚くべき結果を出しますが、これだけやっていても十分ではありません。第1の誓い（77ページ〜）、第3の誓い（111ページ）も必ずバランスよく守ってください。「認めること」だけやっていてもなかなか効果は出ません。

「偉大さ」について

ＮＨＡでは、よく人の素晴らしい性質を表すときに、「偉大さ」（Greatness）という言葉を使います。みなさんの感覚の中で、「自分は偉大だ」と言ったり、「自分の子どもの偉大さはこんなところだ」と言う人はあまりいないかもしれません。「偉大」というと何か特別な人、例えばキュリー夫人とかエジソンとかが頭の中に思い浮かべるかもしれません。

ＮＨＡは、私たちすべての人の中に偉大さがあると考えます。それは天才や歴史に名を残す人のことだけを指すのではなく、フツーの私たち一人ひとりにある、生まれつき持った命の輝きを指しています。呼吸をするように自然なことなのです。どんな状況の人であっても、すべての人がこの偉大さを持っていて、自分の真の偉大さに周りの人が気づいて認めてくれることをひそかに願っているのです。

「偉大」という言葉を使うのをちょっと躊躇してしまうところもあるかもしれませんが、思い切って使ってみませんか？

第3の誓い：クリア！

ルールは明確に

子どもに対して、絶対に守ってもらいたいルールを明確に決めます。その限度や線を決めたら、子どもにはっきりと伝えます。もし、子どもがルールを破ったら、はっきりと「リセット（いったんやめ！）」と言い、気持ちや行動にストップをかけ、切り替えるのを助けます。自分は、そこに意識を向けて、怒ったり、説得しようとしたり、話しあったりなどということを一切やめます。そして、少しその場所から、離れる、または自分の身体の向きを変えて、「子どもへエネルギーが流れる」のを切ります。

ルールを守ってもらいたいために、前もって注意せずに、ルールが破られたら、すぐに例外なくゲームのリセットボタンを押すような感じで、「いったんやめ」にします。

でも、「罰」として子どもを無視したり注意を向けるのをやめるのではありません。だから、子どもが落ち着けばそれで良いので、長時間話をしないということではなく、数秒間から数分間ぐらいで大丈夫です。

例えば、「わー」と泣いて、物をかたっぱしから投げたとしましょう。

そのとき自分の気持ちがイライラして、ひどく動揺しているようなら、まずは自分の気持ちをリセット（切りかえ）します。自分の気持ちが落ち着いたら、今度は子どもです。

「泣きやんできたね」「自分の気持ちを落ち着けようと胸をさすっているね」「大きく呼吸しているね」「自分でやめることができたね。もっと投げたかっただろうけど、ちゃんとやめることができたね。ママやガラス窓に投げなかったのは、ちゃんと物を投げることが危ないことだということがわかっているね」などと言葉で伝えます。

どうしてもやめない場合は、落ち着くまで自分の注意を向けるのをやめます。子どもに身の危険がない限りですが。泣き続けていても、もし投げるのをやめることができたら、そこをポジティブなことと見て次のように指摘します。

「まだ泣いているけど、投げるのはやめてくれたね。自分をコントロールする力があるね」

万が一、そのまま続けると誰かがケガをしそうだったらもちろんその子の場所を移したり、ものを動かしたりして危険回避はします。でも体をさわったり、言葉をかけるのは、最小限にとどめ、感情はニュートラルな状態に保ち、冷静に行います。そしてすぐに「リセット」

と言って、落ち着くまでエネルギーを切ります。

さらに落ち着いた状態になったら自分で拾わせます。

「こんなに自分の気持ちをちゃんと切り替えることができるんだね。本当に大きな成長を感じるよ。こんなに素晴らしいことができるんだから、今散らかしちゃった物を片付けることもできるよね。もし必要ならママも手伝うよ」などと伝えながらもとに戻すのを手伝ってあげましょう。ちゃんと責任は取れるように応援してあげます。これがconsequences（自分の行動の結果の責任を取る）ということです。

でも「今日の夕飯までに全部きれいに戻しておきなさい！（怒）」というような「罰」として伝えることはしません。

ただ甘やかすということでは決してないということです。

もし、人に危害を加えたり、窃盗をしたりなど、大きな問題を起こしたときは、自分で責任が取れるようにしてあげたほうが良いとハワードさんは言います。

例えば、地域のボランティア活動などをしてもらうなど、課題を与え、行動を方向変換させることです。

ただ、ここで重要なのは「どのような課題を与えるか」ではなく、その後なのです。

つまり、少しでも子どもが落ち着いてきたり、今のやっている問題行動をやめるそぶりをみせたら、そこをねらってその子の素晴らしさをコメントします。

「今、あんなこと言われて弟を殴りたくなったよね。でも一発殴っただけで、ストップすることができたね。その後、もっと殴りたかったと思うけど、やめることができたね。自分をコントロールする力があるね」

「さっきおしゃべりしてしまったときに、先生がストップかけたら、ちゃんとルール通りに頭を少し下げて静かにすることができたね。そして自分の気持ちを落ち着けて、気持ちを立て直すことができたね。そして、先生が戻ってきていいよと言ったら、すぐに授業に参加してこうやって手を挙げてくれているというのは、とても学ぼうとする姿勢が感じられるよ。素敵だね」

ルールは破ってもいい

ルールを決めても、きっと子どもはそのルールを破ります。でもＮＨＡの良いところは、

「このルールを破ってもいいよ〜!!」という、正直常識では考えられないお気楽な態度にあります。

そうなんです。これを今読んでびっくりして、のけぞっている人もいるかと思います。そんな態度でいいの？　と思っている人もいるのではないでしょうか？

もう一度、ゲームの理論を思い出してみましょう。

今、私たちがＮＨＡで目指しているのは、ゲームのように子どもが、生活の中でもず〜っと、「成功、成功！　できた、できた！」と感じている状態を作り出すことでした。

何か間違ったことをしたときには、ちょこっと休憩すれば、まるで「リセットボタン」を押すように、新しい場面（つまり新しく切り替えられた気持ちの状態）に切り替わります。そこではお説教も長い罰もありません。ただ次にまた成功するチャンスを与えられるだけなのです。

だから、ルールが破られたら、リセットして（いったんやめ）、すぐにその問題行動をやめることができたことに対して、お祝いをするような気持ちでその成功を喜びます。

つまり、リセット（ちょっとお休み・切り替えようね）は次の成功を作り出し、お祝いするためのチャンスなのです。

通常は、ルールを決めて、それを破ったら、罰が用意されていて、子どもはそれでもまたルールを破り、そしてどんどん罰の量や程度が増えていきます。親も怒鳴り声がどんどん大きくなり、子どもを追い込んでいきます。親も絶望的な気持ちになって不満や怒りをずっと抱えているような状態になります。

「あーこれもできない。ここもだめだ」

それでも子どもはあまり改善しないか、いやな体験（自責の念、罪悪感、羞恥心、悔やむ気持ち、恐怖感、極度に人の様子を気にしてしまう、自分はダメだ！ という気持ち）がこころにずっと残ります。

これが私たちが望む子育て・人を育てるやり方でしょうか？

私たちは、子どものこころに内なる豊かさを育てたいのですよね。

内なる豊かさ、つまり「私、だいすき!! 私って、ステキ！」って思える力です。

それは、細かく言うと、自分を信じる力、自信、自分を誇りに思う気持ち、人に親切にできる力、人に共感できる力、集中力、行動力、向上心、コミュニケーションができる力、決める力、責任を取る力、ユーモアのセンスなど様々にあります。

こころの豊かさを育てるほうが、親も子どももハッピーになれます。

そして、今まで私たちが固く信じてきたように、

「子どもには厳しく教えなければならない」という子育てから卒業して、

「いや〜！　本当にこの子の輝きに感動した!!」と思える状態になります。

そうです。本当は、私たちみな素晴らしい豊かさ、輝きを持った存在ではないでしょうか？　それを毎日の生活の中で、自分自身に対しても、子どもに対しても感じながら生きていきたいものですね。

人に対してだけでなく、自分に対しても同じことが言えます。

「さあ、早速このNHAというのをやってみよう！　3つの誓いをやってみる」と思ったとしても、すぐに間違ってしまったり、うまくいかなくて、気持ちがしゅーんとなり、いやになってしまうようなときもあるかもしれません。でもそのできなかったこと、間違ってしまうこと、があっても、なんてことないのです。すぐにまた気持ちを切り替えてやり直すだけです（第1の誓い：ネガティブなことに反応しません）。そしてまた一から始めた自分を

どうぞ大きくお祝いしてください（第2の誓い：ポジティブなことに大きく反応します）。重要なのは、こんなときに、大きな反省会を開いたり、自分を責めたり、「これはきっと子どものころからの癖で何事も継続する力がないからだ。そしてそれは親が自分を認めてくれなかったからだ」などと分析したり、考えたりして時間をむだにしないでください（第1の誓い：ネガティブなことに反応しません）。

ただ、シンプルに行きましょう！「あっ、間違った。はい、おしまい。次に行きます。今、できている。いいじゃん。できたね！」

自分に対しても、常に自分の成功に目を向けていましょう。

自分への「リセット」は、感情を抑圧することではありません

「リセット」については、こんな質問がよくあります。

「自分の中で強い怒りや憤り、うらみ、悲しみ、などが生まれたとき、それは〝ネガティブ〟なことだから、感じないように無視したほうがいいのですか？」

決してそうではありません。どんな感情も自然なもので、その感情を抑圧したり、無視し

たり、押し殺そうとする必要性はまったくないと思います。

もうすでに、その瞬間それを感じているのだったら、まず自分が感じている感情を完全に受け入れます。「怒っているんだね」「悲しいね」「傷ついたね」ありのままのその瞬間の事実を受け入れます。ただ、そのときの素直な自分の感情は、否定せず、感じて受け入れます。そうすると、何かが少し変化するはずです。微妙に変わってきます。きっとそれを感じると思います。これが心理療法の真髄にあたるものだと思います。

でも、「だってあのときあの人があんなことを言って、それって常識的に考えて云々、今度あったらきっとこんなことを言ってやる！　云々」などと思考を、過去や未来へぐるぐるとめぐらせて考え続けることはしません。このような思考活動はストップします。

スピリチュアルティーチャーの[11]エックハルト・トールが、以下のようなことを言っていますが、真実をついていると思います。

11 Eckhart Tolle（1948〜）、ドイツ生まれでカナダ在住の作家。「さとりをひらくと人生はシンプルで楽になる」（原題 The Power of Now）と、「ニュー・アース ―意識が変わる 世界が変わる」（原題 A New Earth）の二冊の著作で特によく知られる。

「今のこの瞬間をありのまま深く受け入れることができると、それがどんな状況であれ、あなたは落ち着き、平安を感じるでしょう」

激しい感情であっても、それをありのまま受け入れると、激情は少し変化します。客観的に自分の感情を見ることができれば、静かな落ち着きが出てくるのです。そのときに、自分の気持ちをリセットして、その場面の相手の素晴らしさをまた撮ることができるぐらいに、冷静さを取り戻せるのです。以上は心理療法士の私からの答えです。

でも、ハワードさんは、ちょっと違って答えるでしょう。

きっと彼なら、

「ネガティブな強い感情も一つのエネルギーです。その強いエネルギーをハートで転換することができます。私たちのハートは強力な力を持っているからです。ネガティブな感情も転換して、ポジティブな言葉に変えてハートから発射しましょう」と言うと思います。

それでは次章のワークブックで具体的な技術を学んでいきましょう！

実践編

NHAワークブック

初めから全部できる人なんていないよ～。
ちょっとでもできれば、なにかが変わるんだ。
できたところをだけを見ていればいいよ～。
ナイスはなちょうちん！

ワークに入る前に自分にしてほしい3つのセルフケア・エクササイズ

さあ、いよいよＮＨＡの具体的なテクニックを学んでいきます。このワクワクする道を一緒にお供するにあたって、まずお願いがあります。それは、

「みなさん今までのご自分の道のりを誇りに思ってください！」

ということです。心理療法士として、私はまずみなさんにこのメッセージをお伝えしたいと思います。みなさんは今までご自分の子どもについて「親の育て方が悪い」と言われたことはありませんか。

「あれじゃあ、困ったものね」、「しつけがなっていないね」、「甘えている」などなど。周りの人から受けたこころない一言。たとえ善意であっても、学校の先生や専門家から受けたたくさんの傷つく言葉の数々。

自分でも悩み、自分を責めて、後悔されてきたかもしれません。

もしかしたら、この本を手にされている方には、今まですでにたくさんの本を読んできて、あれこれと試して努力を重ねてきて、もう疲れ果てている方もいるかもしれません。

そんな場合は、このセルフケアの項をよく読んでください。

「本当にお疲れさまでした。よくここまであきらめませんでしたね!!」

もしかしたら、つらく長い一人ぼっちの旅だったかもしれません。それでも、新しい情報を探し、先生を見つけ頑張ってきた自分を、どうぞ優しい目で見てください。今まで精一杯頑張ってきた自分をどうぞ認めてください。

本当の自分の素晴らしさを一度立ち止まってちゃんと確認していただきたいのです。

次に紹介するのはそのための３つのセルフケア・エクササイズです。

セルフケア・エクササイズ１：自分の今まで頑張ってきたことを書き出してみよう

今までの自分の道のりを尊重する意識を持ちましょう。

セルフケア・エクササイズ２：それが自分のどんな素晴らしい性質さを表しているのか書いてみよう

例えば、情報力がある、あきらめないで頑張る力、人に助けてとお願いできる力、忍耐力、持続力、前向きな姿勢、向上心がある、思いやりがある、愛情がある、踏ん張る力がある、説明・説得など言葉で表現する力、複雑な状況を理解する力などなど、いくらでもありそうですね。

もし、なにも書けない状態にいる自分に気がついたら、どうぞこの本を読み進める前に、休暇をとってください。休んでください！

どんなにそれが難しい状況でも、（お金が、時間が、なくても、また状況的にどんなに無理なことがあったとしてもです）今はご自分が休むのが先決です。必要があれば、安心して話せる場所、カウンセリングへ行ってみてください。

つまり、これからやっていく道のりは、一見簡単そうに見えて、実はとても力のいる大仕事になります。

みなさんの想像以上に自分の意識を変えていく作業は大きな力を要します。でも、それだけ大きな成果を見ることになります。

まずそのためには、自分が癒され、少し余裕がないとできません。たとえ、一日でも、数時間でもよいので、ちょっと自分をケアする時間を取ってください。休む時間を取ってください。その際、罪悪感はいりません。取り払ってしまいましょう！

そして、自分を取り戻し始めたらまたこの本に戻ってきて読み進めてください。

セルフケア・エクササイズ3：自分の五感が望んでいることをしてみましょう

自分を大切にするには、何ができますか？　先ず自分にセルフケアをしてエネルギーの充電をしましょう。自分をケアしてあげることに慣れて、それを習慣にします。

フジくんのワンポイントアドバイス

ゆっくり行こうね。
やってみると、NHAってけっこう難しい。
休み休み、できるところからやってみよう。

セルフケアとは、意識的に自分を愛するために、大切にするためにしてあげることです。自分の身体の五感が望んでいることをヒントにしてみましょう。

・どんな音が心地良いと感じますか？
・どんなものを見ると、美しい！　癒される！　と感じ、ドキドキ！　としますか？
・どんな肌触りのものに囲まれるのが好きですか？

・どんな香りがスキッとしますか？　癒されますか？　自分に元気をくれますか？
・どんな場所に行くと落ち着きますか？
・どんなものを食べると幸せを感じますか？

自分のことをもっとよく知り、思い出しましょう。どうしたら、自分のこころと体が喜ぶのか？　それを思い切って自分にしてみてください。一晩心地良いホテルで過ごすなど、少し贅沢かなと思うことでもOKです。「私はその価値がある」と行動で示してみましょう。逆にまたは、お金がかかることでなくてもいいのです。「空を見上げる」「散歩する」「お茶を一杯飲む」など、一見なんでもないふつうのことでもいいんです。本当に自分を大切にしようと意識して「見る」「歩く」「飲む」ことなら、なんでも良いのです。

または、「海に行きたい」「フランスに行きたい」など、すぐに実現できなくても、イメージ上ならできるはずです。もう自分がその場所にいて、この空気を吸い込み自分の理想通りに楽しんでいる姿をイメージしてみましょう。重要なことは、真剣に楽しみながら、時間をかけてじっくりと味わいながら意識的に取り組むということです。

さあ、少し自分に余裕ができてきたら、早速本題に入りましょう！

「さかさまエネルギー」を体験するエクササイズ

NHAはエネルギーを出すタイミングを反対にするとお話をしましたね。
まずは、人と人との間に流れるエネルギーを観察し、感じるエクササイズです。

エクササイズ①：人の感情・声・表情を観察する

公園やショッピングセンターなどの人の集まる場所に行ってみましょう。
人々がどのようにコミュニケーションをとっているのかを観察します。または、自分の家

フジくんのワンポイントアドバイス

ネルギーを出すタイミングを逆さまにするのは、ブレーキとアクセルを反対に踏みなおすようなもの。慣れなくて、踏み間違えてもあわてない、あわてない。

族・友人・職場の人たち・教室を観察してみましょう。

どんなときに感情が大きく揺れたり、声が大きくなったり、表情が大きく変わったりしますか？　反対に反応があまりないのは、どんなときでしょう？　それに対して相手はどのように反応していますか？　どんなことに気づきましたか？

これは、エネルギーを出すときと出さないときを、意識してできるようになるための訓練です。

エクササイズ②：人の行動と反応を観察する

自分がどんなときに、「わ〜！」っと強く反応するのか（ネガティブでもポジティブでも）考えてみましょう。

相手はそれに対してどのように反応しましたか？　自分の行動を観察できると、それまでの無意識だった行動パターンを変えることができます。

エクササイズ③：エネルギーを出すとき、切るときを見つける

こんな場面では、どこでエネルギーを注ぎ、どこでエネルギーを切るのでしょうか？

何日にもわたって子どもが「おなかが痛い」「学校へ行きたくない」「体がだるい」「起きられない」と言って布団から出てこない、無理に出そうとすると朝泣き叫ぶとしましょう。

・大きな反応をしないとき

泣き叫んでいるとき、ぐずぐず言って動こうとしないときなどです。

・称賛の言葉がけをして大きく反応するとき

もぐっていた布団から顔を出すことができた瞬間、おはようと起こす母の方を向いてくれた瞬間、からだをベッドから起こした瞬間、ベッドから降りたとき、朝食のテーブルにつけたときなどになります。

いずれの場合も行動を細かく見るということがポイントです。

NHAを成功させる「3つの誓い」のエクササイズ

第1の誓い「ネガティブなことに反応しません」を成功させるには

感情的に反応せず、エネルギーを切る

フジくんのワンポイントアドバイス

悪いところを見てしまう長い間の癖。変えるのは大変。完全にやめられるまで、時間がかかっても仕方がないよ。ゆっくりやってね。

問題行動を子どもが起こしたときに、または自分のネガティブな思考に対して、あまり反応しないようにします。今日何回気がついて抑えられましたか？

通常の子育てではよくある、「怒鳴る」「脅し」「取りあげ」「説教」「注意する」「感情的に

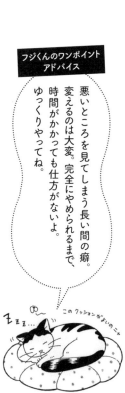

なる」「反省させる」「殴る、たたく」、「傷つくようなことを言う」「あやまらせる」のような様々な反応をやめます。

また、自分の中で、様々な「困ったこと」について分析したり、反省したり、考えることによって「怒りや」「不安」「怖れ」「心配」「みじめ」な気持ちになることに気づいたら、すぐに考えるのをやめます。

でも問題が起こっているのを「無視」して対処しないというわけではありません。自分が感情的に反応するのをやめ、エネルギーを切る（気持ちを切り替える、その場から立ち去る、思考をやめる）という訓練です。

このように、子育てでつい出てしまう感情的な言葉を事前に気づいてやめるには、練習が必要です。無意識にやっていることが多いからです。まず最初の段階では、自分のよく言ってしまう言葉やフレーズに気づきましょう。そのうちに、言葉にする前に自分で自分をストップすることができるようになると思います。そして自分の中で繰り返されるネガティブな思考は、それに気づいたら「リセット！」「もうおしまい！」「それは許されました」「消去」「キャンセル」などと口に出して言ってみましょう。

あたりまえのことができたときがチャンス

フジくんのワンポイントアドバイス

今まで見ていなかった
あたりまえのことの中に価値を見て。

あたりまえのことができているとき、またはルールが守れているときこそ、「コメントするチャンス！」となります。今日そんなときを何回気づけたでしょう？　でもこの段階ではまだ言葉に出せなくても大丈夫です。

子どもや自分にコメントをするタイミングを見つけることを先ず学びます。何か間違ったことをしたときを見つけるのではなく、あたりまえのことでも、ルールが守れているとき、やるべきことができているのにまず気づいてください。

今まであたりまえとしてわざわざ言葉にしなかったようなときに、自分の目を開き、意識して何が起こっているのかに気づきましょう。例えば、「朝、子どもが起きてた」「布団から自分で起きてくることができた」「顔を洗って歯ブラシすることができた」「ランドセルをしょっている」「ごはんをちゃんとおはしで食べている」「今日も早起きしてお弁当を作った」「会社に行くことができた」「帰ってくることができた」など、ふだんのなんでもない場面の一つ一つに価値があることに気づいてください。

第3の誓い　ルールは明確に

を成功させるには

1．ルールの意味を理解する

ＮＨＡでは、子どもの偉大さ、輝きが常にあるのがあたりまえと考えます。そこからちょっと足を踏み外してしまったときは、「ちょっと待って！　あなたの素晴らしさに戻ってきて」というために、ルールを設けます。

決して、「そのことができなければ、人間的にダメだ」というような懲罰のためや、反省させて自分を律することをうながすという意味ではありません。

ＮＨＡのルールを設ける真の目的は、間違ってもまたちょっと気持ちを入れ替えて、「ほら、また成功！　成功！　やっぱりあなたって素敵」とお祝いするための機会でしかありません。そう、つまりルールが破られたときは、すぐにその行動をやめたときに、その自制心などをお祝いするチャンスということなのです。

2. ルールを見直す

厳しすぎる、または甘すぎるルールは見直して、子どものできるレベルに合わせてみましょう。自分に対しても同じことです。自分が子どもにどうしても守ってほしいルールは明確にしましょう。そしてその期待度のレベルは子どもや自分の状態に合わせてなるべく低く保ち、ほとんど守れるようなぐらいまで下げてください。

例えば、子どもは学校に行くのがあたりまえと思っていたとしても、学校に行くのが「こころが苦しくなってどうしてもムリ」と子どもが判断したら「学校に行くのが当然」という価値観を捨てて、毎日朝起きられるだけで、ＯＫとすることもできるでしょう。

大切なことは子どもに対してルールをはっきりと事前に話しておくことです。もし子どもがルールを破ったら、「リセット」（やめ、落ち着こう、おしまい、休憩、切り替えよう、ちょっと横に置いておいてなどという意味）と言ってから「お母さんは、少し離れているからその間に落ち着こうね。そうしたらすぐに戻ってくるからね」などとあらかじめ説明しておくとよいでしょう。子どもに対しては、「別に間違っても大丈夫！　たいしたことないよ。また一からやり直せばいいんだ！　それができるあなたは素晴らしい」という態度を持つことを忘れないでください。

3．ルールが破られたときは「リセット」

必ず以下のようなステップをやってみましょう。

1 「リセット（やめ！　休憩！　切り替えしよう！　おしまい！　ちょっと横に置いておいて！　など）」と言います。

2 子どもにつながるエネルギーを切ること（その場から離れる、からだの向きを変える、感情的にならず、意識を他に向ける）。

3 そして子どもが落ち着いたら戻ってきて、落ち着けたことをお祝いする。

「リセット」の大切なポイントは、冷静に、「やめようね」とシンプルにさらっと伝えることです。「リセット」はイライラとした感情のこもった「あ〜っ　ダメダメ！（怒）」ではありません。もっと軽くて優しい「本当の自分の素晴らしさをもう一回思い出して！」という意味です。

そして、直近の生命に関わる危険がない限り、親はその子から顔を背けたり、からだの向きを変えるなどして、その子とエネルギー的に関わること（説明したり、話しあったり、近寄ったりする）をやめます。離れてから、子どもが落ち着き、数秒から数分経過したら、戻ってきます。

そして落ち着いたらすぐに今やった「悪い行動」は終わりになり、許されることになります。そして、落ち着くことができたことを「お祝い!!」することがまた始まります。ゲームの理論を思い出してください。また常に「成功！　成功！」が始まります。

ただし、ここで一番やっかいなのは、実は自分の気持ちの取り扱いだと思います。子どもが「ミルクをぶちまけた！」「他の子をたたいてしまった!!」など問題行動を起こした場合、「あーっ！」と思わず出てくる自分のムカーッ（怒）!!　これがくせ者です。深呼吸して、自分の気持ちを落ち着かせニュートラルなところまで戻すこと。静かに安心している自分の中心まで戻ってくることが必要です。これは、本当に一生訓練を続けていくしかありません！

この第3の誓いが効果を出すようになるには、第1と第2の誓いが守れて、たくさんのポジティブなエネルギーが日常的にその子に流れていることが条件です。子どもが親からたくさん認められていると思えている状態になっていると、その雰囲気が変わったとき、子ども自身でそのことに気づくようになります。ひどく怒られているというわけではないのにいつも流れるポジティブなエネルギーがフッと切れたような感じになります。すると子どもはまたポジティブなエネルギーが流れるように、熱意を持ってゲームに（人生に）取り組みます。

私たちは、罰を与えたり、何かを取り上げたりするのに非常に慣れています。それをすべて手放すには少し時間がかかるかもしれませんが、少しずつトライしてみましょう。

意識の転換　「料金所のおじさん」

今自分が置かれている現状についての見方を変えることにより、違う現実が見えるような力を培います。ここで、「料金所のおじさんのお話」をします。ハワードさんが友人から聞いたお話しです。

ある朝、その友人がサンフランシスコの橋の料金所のところにくると、陽気な音楽が聞こえてくるのに気づきました。何かと思ってその音の聞こえるほうへ行ってみると、なんと料金所のおじさんが軽くダンスのステップを踏みながら仕事をしていて、なにやらとても楽し

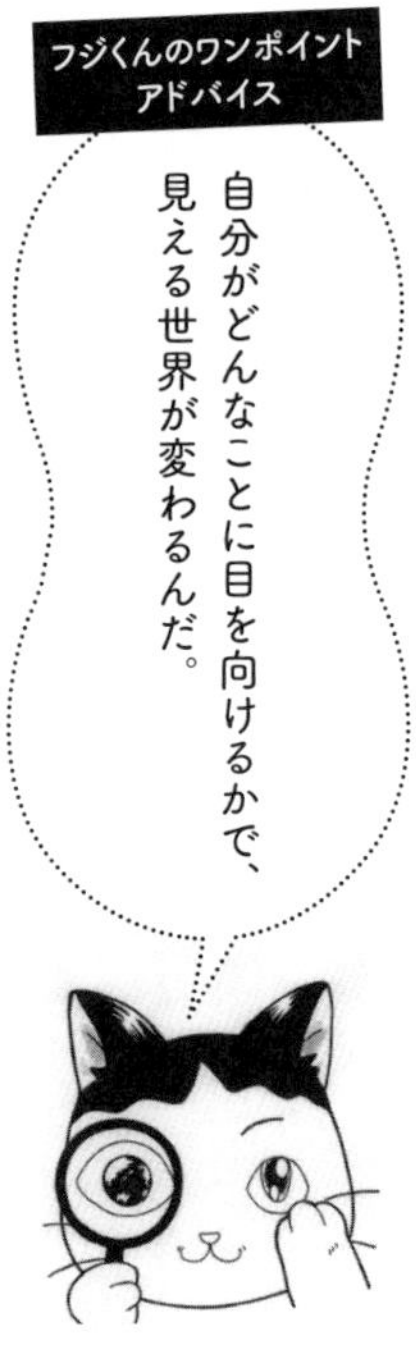

フジくんのワンポイントアドバイス
自分がどんなことに目を向けるかで、見える世界が変わるんだ。

そうなんです。

「なんでそんなに楽しそうなんだい？」

「そりゃ、僕は本当に幸せものだからさ〜！　ここでパーティーをしているんだ。ダンスのステップを踏みながら、楽しくやっていると、君のようないい人に出会うし、見てごらんこの景色！　大会社の重役だって、この素晴らしい橋と海の景色を見ながら仕事ができる人なんてめったにいないよ〜！」

「そうかい。でも他のブースの人たちは、君のように幸せそうじゃないよ！」

「そうだね〜。あいつらは、まるで縦長の棺桶に入っているような感じだよね〜！」

その友人は、この出会いに本当にびっくりしました。料金所といえば、排気ガスまみれで、ずっと立ち仕事、安い月給でこき使われるような3Kの仕事の代表で、誰もが不機嫌で非常に態度が悪いのがふつうです。なのに、この人のように自分の見方受け取り方を変えるだけでこんなにも自分の気持ちも変えることができるし、引き寄せる現実も変わってくるのです。

一見、職場環境としては最悪な場所であっても、良いところに自分の意識を持って行って、フォーカスすることで、「最高の職場」にもなれるのです。自分の意識を「欠けているところ」「できないこと」に焦点を合わせるのでなく、どんなに小さくても「できているところ」「あること」に意識を向けます。すべては自分がどのようにその場面を解釈するかによって、見る世界が変わってくるということなのです。

同じ場面・状況であってもその解釈によって「最悪」ともとれるし「最高」ともとれます。自分が映画監督になったつもりで、その場面・状況をカメラで撮り、自分の解釈によって編集し、「最高」のものを作り出すという練習をしてみましょう。

例えば、子どもが漢字テストを持って帰ってきました。だいたい90%が間違っています。先生は間違ったところは全部チェックしているのに、あっているところは丸もくれていない、悲惨な状態としましょう。

さあ、もしこの場面をよく解釈するには、どこを強調して、良く見ればよいのでしょうか。そしてどうしたらこの子の輝きを見つけることができるのでしょう。

このテストを見て、できている数個の漢字を見ます。これが書けたということは、わからなさにきっとつらい思いをしながらも精一杯頑張った姿が想像できるかもしれません。漢字を書くことができたということは、正しく鉛筆を持って、紙に向かうことができたということですね。時間の決まった中で、テストをするという緊張感の中でベストを尽くしましたね。そしてそのテスト結果を親に見せることなく破いて捨ててしまうこともできたかもしれないのに、ちゃんと持ってきて見せてくれているということは、正直ですね。

では、練習してみましょう。

■エクササイズ：今、困っている状況を思い浮かべてください。または、最近あったちょっといやなことを思い浮かべてください。そして、その同じ状況の中で「良いところ」「できているところ」「すでにうまくいっていること」に意識を向けて、状況を解釈し直し、書き出してみてください。

困っているできごと（　　　　　　　　　　　　　　　　　）

もしよく解釈すると（　　　　　　　　　　　　　　　　　）

日常生活の「あたりまえ」をよく見る習慣をつける

現在みなさんが　あたりまえと思っていることでも、実はどんなに貴重で素晴らしいことなのかに気づく練習です。よーく細かく深く考えてみると、確かにあたりまえではなく奇跡なのだという日常に私たちは囲まれています。

例えば、水が蛇口から出ること。よーく考えると、水は山に雨が降ってくれて、それをためるダムや貯水所があってたくさんの人々によって水質管理され、地中に埋められた水道管を通って、やっと家に届き、蛇口から水が出てくれるのです。たくさんの人や自然のおかげで水を使えています。

このように「日常のあたりまえ」をよーく見ることが、本質をちゃんと見抜き、感謝する訓練となるのです。

■エクササイズ：身の周りにあるあたりまえのことを、一つ拾ってよく考えてみてください。それがどんなに貴重なことなのかを書き出してみましょう。「あーそうだ、本当に〝在り難い〟ことなのだ」と思えるようになるまでやってみましょう。

相手を認める4つの承認のテクニック

フジくんのワンポイントアドバイス

NHAをやり始めると、「なんだかいつもと違うぞ～」と感じて、子どもにはけっこう居心地が悪い。子どもは、おとなが逆戻りしないかと、試すんだ。そこでめげないで。

ＮＨＡの中心的な4つのテクニックです。ここで言う「承認」とは相手の本質を認め、称賛し、お祝いし、感謝する気持ちで伝える言葉という意味です。理論をしっかり理解し、使ってください。次にどのような言葉を、どのようにつなげていけばよいのかを紹介します。

1．ありのままの事実を描写　―まるで写真を撮るように

目の前に起きている状況をよく見て、まるでその瞬間を言葉で写真やビデオに撮るように

細かく言葉で描写していきます。目の不自由な人に説明するように細かく説明します。大切なことは、自分の解釈や、意見を入れず、事実だけを伝えることです。受け取る人は、「あっ、今自分は見てもらっている」「自分はその価値があるのだ」というメッセージを送ることになります。例えば次のように言います。

・「たけし、サキが落っことした紙を拾ってあげたね」
・「学校から帰ってきてすぐにただいまって言ったのが聞こえたよ」
・「あなたを呼んだときにすぐにこちらを向いてくれたね」
・「なくしたプリントを探しているんだね。机の上にないから、下を見ているね」
・「クレヨンで赤のまっすぐな線を引いているね。紫でまるを描いて、それが真ん中で重なっているね」など。

このテクニックは、あまりにもシンプルで、その意味がわかりにくいかもしれませんが、でも実はとてもパワフルな効果がある方法です。

自分の意識が「今この瞬間」にないとできないテクニックなので、強制的に「今にある」

ことを訓練することになります。

今まで、心理療法士として人の話に深く耳を傾け、感情の機微も感じ取ること（傾聴）を特に大切にしてきました。でもこの第1のテクニックは、傾聴をさらにレベルアップした感じです。相手の言っていることだけではなく、行動、雰囲気、感情などすべてについて、よく見て観察できるありのままの事実を実況中継で！　相手に伝えていきます。

その事実を指摘してもらうことで、相手は非常に「認められた」「見てもらっている」という感じを受けとれます。そして反抗期真っ只中のティーンエイジャーでも、その抵抗をすり抜けて相手にメッセージを届けることが可能になります。

最初はちょっとびっくりするかもしれませんが、やってみてください。そうするとさらにびっくりします。相手がきっとうれしそうに反応するのがわかると思います。

注意事項として自分の気持ちがイライラしたり、子どもの態度や行動をこころの中で怒っていたら、やらないことです。言葉の背後にある、そのエネルギーを子どもは読み取ります！　承認の言葉に強い抵抗を示す子たちへの声かけは、まだぼんやりしている朝にやってあげるのがよいかもしれません。

エクササイズ：見たままを言葉にして言ってみる

一日10回から20回ぐらいが目安となります。例えば次のようにです。

「赤のクレヨンを持って大きなハートを書いているんだ。すごーく集中しているね」

「はみがきして、服をきて、今は髪の毛をゆっているんだね。バスの時間に間に合わせようと素早く行動をしようとしているね」

2. 相手の価値を認める　―性質上の素晴らしさを指摘

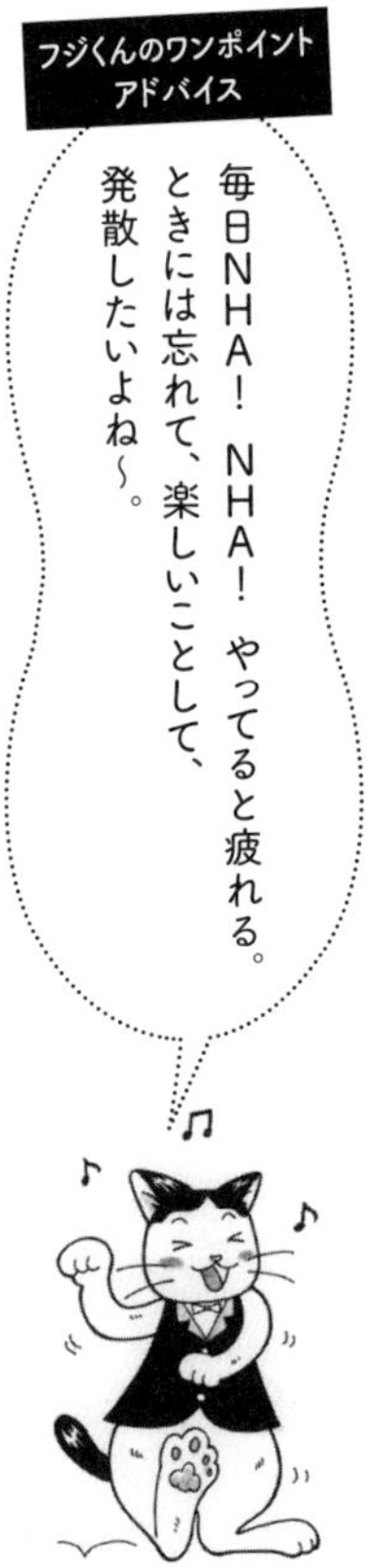
フジくんのワンポイントアドバイス
毎日NHA！　NHA！　やってると疲れる。ときには忘れて、楽しいことして、発散したいよね～。

あなたが見る事実に加えて、相手の素晴らしい性質について伝えます。その子がどんなに尊い存在価値があるのかを伝えます。そうすることによって自己肯定感が高まり、実際の成

功の体験によって、より良い自分像を持つことができます。例えばこんな風にです。

・「算数の問題でちょっとイラついていたけど、終わりまで頑張り続けたね。あなたには、最後までやり通す力があるからだよ。とてもまじめに取り組めたね」

・「学校からのお知らせプリントと連絡帳をちゃんとテーブルの上に置いてくれたね。明日の朝、慌てなくてよいように前もって準備してくれたんだね。あなたには計画性があるし、とても責任感があるね。ありがとう」

・「学校で起こった困ったことについて、とても正直に話してくれたね。一生懸命対応しようとしているところが、とても素晴らしい」

・「さっきレジの同じ列に並んでいた老人に順番をゆずってあげたんだね。あんな風に親切できるなんて、本当に感心したよ」

（NHA承認の「テクニック」配布資料から）

ここで言う、性質上の素晴らしさを表す言葉とは、例えば「思いやりがある」「几帳面」「友だち思い」「親切」「計画性がある」「先を見通す力がある」「行動力がある」「明るい」「陽気」「まじめ」「楽しむことができる」「発想力がある」「優しい」「ユーモアのセンスがある」「落ち着きがある」「感情をコントロールできる」「自分を大切にできる」「忍耐力がある」「賢い」「叡智がある」「芸術的センスがある」「思慮深い」、「想像力が豊か」、「自分の感情を感じることができる」、「競争心がある」、「順序立てて物事が考えられる」、「リーダーシップをとれる」、「感受性が豊か」、「協調性がある」、「つらくても頑張る力がある」、「謙虚」など、人の優れた特性や性質、才能を称賛する言葉は、たくさんありますね。

でもふつうの生活では、これらの素晴らしい性質が自分や相手にあることを、あまり意識せず、積極的に言葉で伝えていないことが多いと思います。この相手の価値を認めるテクニック2では、言葉を探して細かく伝えることを訓練します。

ただし、承認の言葉を言おうとしているときに、「そうだあれもやっておいてね」と注文をつけたり、昔のことを引き合いに出したり、人と比べたりしてほめることはやめましょう。今の目の前のことだけに集中してください。

エクササイズ①：ふだんの生活の何気ない場面で、「今、子どもがしていることは、どんな良い性質を表す言葉があてはまるかな」と考えてみてください。まず子ども（自分）が今していることにちゃんと気づいてください。描写して説明できるぐらいに、はっきりと見ます。そして、それはどんな性質上の輝きなのか？　を考えてみましょう。言葉を探してみるエクササイズです。

エクササイズ②：では、自分にあてはめてやってみましょう。今朝あなたが起きてから今までの自分の行動を詳細に書き出してみてください。そして、一つ一つについてそれは、「私の○○な素晴らしさを表している」と文章にしてみましょう。

例えば、朝起きてすぐに洗濯機を回し、ご飯を家族の分を作ったとしましょう。

「今日は朝起きてすぐに洗濯機を回し、ご飯を家族分を作りました。そしてみんなの分のお弁当を作り、みんなを起こして、それぞれ送り出した。その後掃除をした。これって、計画的に行動できるってことだし、家族のためを思う優しさや献身的なところがあるし、家族を大切にしている。そしてかなりの家事能力がある。毎日同じことやるのって、結構大変だけどやり続けている力がある」

エクササイズ③：次は、子どもの日常の生活の様子で見たことを描写し、それって「あなたの〜な素晴らしい輝くところだと思うよ」という文章にして言ってみましょう。描写をするのは、なんでもないふつうの日常の場面です。何か特別なことをしているときと思わないでください。どんなことに気づきましたか？　子どもはどんな反応でしたか？

3．起きていないことを指摘　―ルールが破られていないことに感謝

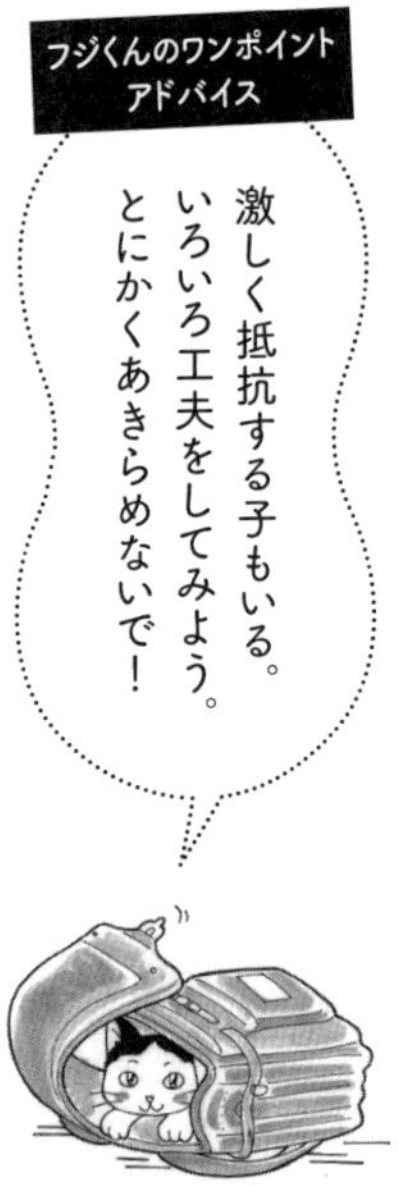
フジくんのワンポイントアドバイス
激しく抵抗する子もいる。いろいろ工夫をしてみよう。とにかくあきらめないで！

よく考えると、子どもが問題を起こしていないということは、すごいことなのです。ちゃんとやってくれていることをあたりまえと見ないで、そこに価値を見てください。良い選択をしてくれたことに感謝の気持ちを表します。この瞬間に起こってもおかしくないことだけ

ど、起きていないその事実を細かく指摘します。ふつうは、あたりまえとしてやり過ごしていたところに注目し、承認の言葉をもらえるので、子どもはやはり「深く認めてもらえた」という感覚を持つことになります。いくつかの例を次に紹介しましょう、

「ときこ！　さっきあきらが横を通ったときに、あなたにぶつかってしまったけど、あなたは怒ったり、押し返したりしないで、ただ後ろに下がってくれたね。とても適切な行動をとることができたね」

「つとむ、今私が言ったことで、ちょっとムカついていると思うけど、いやそうな顔をしたり、口答えしないでくれてありがとう」

「あきこ、今このプロジェクトに取り掛かるあなたの集中力はすごいね。慌てちゃったり、落書きなんてしないで、時間をかけているね」

「君たち二人とも、この紙を見て言葉の問題に取り組んでいるね。ぼーっとしたり、いたずら書きしていることもできたはずだけど、そんなことしないで、ちゃんと集中して学ぼうとしているね。まじめに取り組んでくれてありがとう」（ＮＨＡ承認の「テクニック」配布資料から）

子どもの人生において親としてぜひ伝えておきたい大切なことがあります。

例えば、「お友だちは大切にしようね」「怒ったりしても殴ったり、噛みついたり、物を壊したりしない」「うそは言わない」「人のものを盗んだりしない」「悪口を言ったりしない」「人の気持ちを考えて行動する」など。私たちは、その教えたいことを、子どもが失敗したときに説教したりして、その重要さを伝えます。

でも、特に激しい性質を持った子どもたちは、何か失敗したタイミングで言われてもあまりその重要さが意識に残りません。

しかし、親からは問題を起こすと注目してもらえるエネルギーは無意識のうちに読み取る力を持っています。だから問題行動が続き、罰がどんどん厳しくなるという悪循環が生まれるのです。では、どのタイミングでこの重要なことを教えるのか？

NHAでは、子どもがちゃんと上記のようなルールが守ることができているときを、積極的に見つけて言葉にしていきましょうと教えています。

激しい気性を持つ親は、きっとわかると思います。できない、困ることを重ねて体験している親にとって、その子が落ち着いて何かをやってくれたとき、最後までやり通すことができたときは本当にありがたいことです。

子どもが正しい行動を選択し、問題行動を起こしていないとき、それは子どもにとって「あたりまえのことではなく」、努力をしているということです。子どもが意識をして選択しているということなのです。

しっかりとそこを認めてきちんとした言葉でほめてあげましょう。

「〜することもできたのに、しなかったね」そのように伝えることで、上記したような価値観、つまり「友だちには優しくしようね」とか「うそはつかないようにしようね」とか「怒っても人を殴ったりしない」とかを暗に教えることになります。

「ちゃんと子どもに教えなきゃいけないことは、教えなくてはならない！」と多くの方が言います。その通りです。確かに教えるのですが、NHAではそのタイミングが違うのです。

エクササイズ①：今、この瞬間起こっても不思議でないけど、起こっていないことが何かに気づきましょう。

例えば、子どもがふくれっ面をして、両手を組んでそっぽ向いているけれど、泣きわめいたり、誰かをパンチしたり、自分を傷つけたりしていない。

エクササイズ②：そのとき起こっていないことに加えて、それはその子のどんな素晴らしさが光っているのか考えてみてください。エクササイズ①の例から考えると、

「自分の強い感情をコントロールする力があるということだし、自分の気持ちを落ち着けることもできるね。誰も傷つけていないのは、自分もお友だちも大切にできているということだね」ということになるので、それはとても素晴らしいことだと称賛します。また、こんな例もあります。

「お菓子を食べちゃだめって言ったときに、すごく怒ってむっとしたけど、ママのことたたいたり、物を投げたりしなかったね。上手に自分の気持ちを処理できているね」

4. 承認の機会を作り出す　―はっきりと指示を出し、やろうと動き出したことをすぐに承認

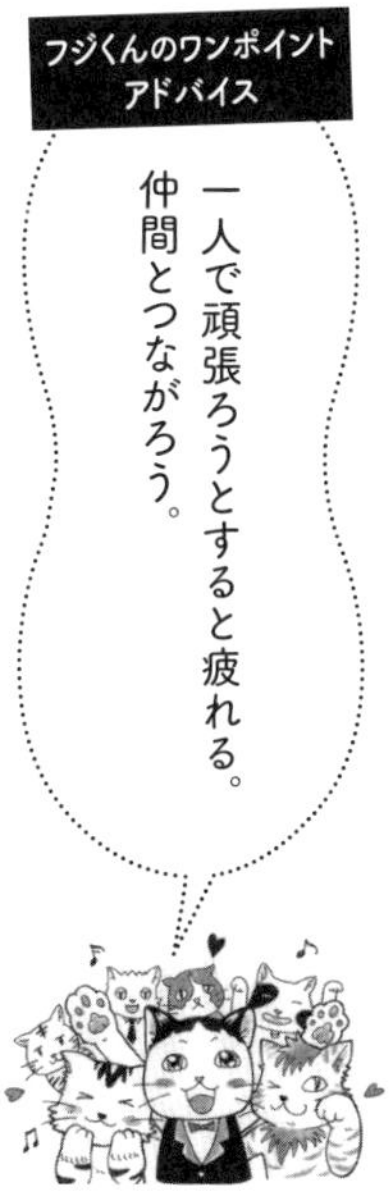

一人で頑張ろうとすると疲れる。
仲間とつながろう。

これは画期的なやり方だと思います。子どもが良い行動をするのを待っていないで、承認・称賛できる機会をこちらから作り出してしまうということなのです。このテクニックは、とても明確で、簡単にできるレベルの要求を出すところから始まります。要求のラインを低くして、はっきりと示して、子どもが成功する体験を作ってしまいます。「あなたはできる。ほら今できている」というメッセージを明確に送ります。例えば次のように。

「あや、ここにきて！（しばらく時間をおいて）お母さんの声が聞こえたときに、顔を上げて私の方向を向いてくれたことに、ありがとう。こちらに来ようとしてくれているのはう

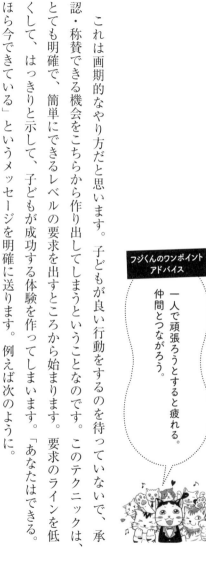

れしいよ。あなたはお母さんのことを大切に思ってくれているんだね。

「しげき、じゃあ出発するからね。おやつを食べ終わる時間だよ。（少し待って）あっ！今よく噛んでいるね、出かける前にちゃんと食べ終わるように頑張ってくれているね。お母さんに協力しようとしてくれているね」

（ＮＨＡ承認の「テクニック」配布資料から）

これは、かなり積極的に成功を作り出してしまう方法で、指示を出して、少しでもその子がそちらのほうに向かって行こうとする「種」のようなものを見つけてお祝いするイメージを持ってください。どういう方法か具体例で次に説明しましょう。

例えば、母親が子どもにおもちゃを拾って片づけなさいと言いました。その子は、「えっ。いや～」と言いながらも、立ち上がりました。おもちゃを踏みつけ、ゆっくり足を引きずって歩き始めました。

通常の子育てをしている人の反応は、「そんないやな顔しないの。もう時間でしょ。おもちゃを踏みつけないの！　足を引きずってノロノロ歩くのもやめて、早くしなさい！」となると思います。

承認のテクニック4を使うとこんな風な表現になります。

「ゆっくりとおもちゃ箱のほうへ向かって歩いてきているね。立ち上がって、私がお願いしたことをすぐにやろうとしてくれてありがとう」

「ママが言ったことが聞こえたんだね。ママが言ったことをやろうとしてくれているんだね。ちょっと怒っているようだけど、おもちゃ箱のほうへちゃんと歩き出してくれてありがとう」

指示を出したことに向かって、少しでも動き出しているのを見つけてそこの成功を喜びます。自分が望むようなやり方ではないけれど（おもちゃを踏みつけながら歩く）でもそれを指摘したくなる誘惑に勝ち、その瞬間に本当に子どもが指示に向かってやろうとしているその「小さな種」を見つけてお祝いします。

小さいレベルで見ると、すべての動きが正しい方向へ向かおうしているのです。指示を出した後、完全にその目標が達成されたときだけが、「できた」と、お祝いするのではなく、その過程一つ一つの段階でたとえそれが不完全であっても祝ってあげることが必要です。

（ＮＨＡ「ファウンデーションオンラインコース」の資料より）

もう一つ例で説明します。子どものスマホの使いすぎで困っているとしましょう。そんなときは、使っていないところをねらい、または、わざと使わないような状況を作り出してコメントします。ちょうど着替えの最中で服を脱ぐ瞬間など、スマホは使えない状態などがチャンスです。スマホを置かざるを得なかったその瞬間を見つけて、エネルギーを注入します（承認・称賛の言葉を伝えます）。

「今スマホ使っていないね。ちゃんとルールを守ってくれているね。とってもうれしいよ」

または、「～ちゃん、ちょっとこれ持ってくれない」と声をかけ、子どもが手伝おうとしてスマホを置いてくれたときに「スマホを使い続けないで、頼んだことをやってくれているね」と間髪入れずコメントします。このタイミングで、「家のルールを守ってね」ということを子どもに教えているのです。こうして失敗をしない環境を積極的に作り出してしまいます。

娘がちょうど着替えの最中で服を脱ぐ瞬間でした。そしてスマホは使っていませんでした。

私は、「このときだ！」とばかりに、

「今スマホ使っていないね。ちゃんとルールを守ってくれているね。とってもうれしいよ」

スマホを使ってしまっているときには「それはだめでしょ」というのではなく、どんな理由であっても使うのをいったんやめた瞬間をねらって、「今、ちゃんとルールが守れているね」とエネルギーを注入します。そうすると、「ルールを守る」という内なる豊かさがさらに育っていってくれます。

私たちにあるのは、「今この瞬間」だけなのです。確かにこの瞬間にその方向に向かって動き出した子どもの「今」を切りとって、どんなに小さなステップであろうと、そこを大きく祝います。最終目的「おもちゃを箱に入れる」「スマホ依存にならず適度に使う」ということだけに意識を集中しすぎないように注意しましょう。

もし、簡単な指示を出しても、「いや」「やらない」という返事だったら、それについて話し合ったりせず指示をさらに明確にして期待度を下げたものをもう一度出してみましょう。「部屋の掃除をします」といっても「いや」という返事だったら、「とりあえず床に散らかっている雑誌を全部拾います」というような感じで指示を変えます。

エクササイズ①：何か子どもに簡単にできる指示を出してみましょう。そしてその方向に向かって少しでも動き出したら、その様子を切り取って描写しながら、その子の輝く性質を言葉にしてみましょう。

例えば、次の様に語りかけてみてください。

「あのブロックをママの方へちょうだい」

「すぐに立ち上がって、ブロックの方へいって、大きいのと小さいのをつかんだね。そしてそれを持ってくるときに二つとも落っこちちゃって泣いちゃったけど、持ってこようとしてくれたね。それってあなたがママの役に立とうとしてくれようとする素晴らしいところだね」

または、夫に、

「仕事の帰りに、豆腐を買ってきてくれない？」と頼みます。

「忙しくて遅くなっちゃったから、豆腐は買ってこれないよってメールをくれたね。ちゃんと私のことを気遣ってくれて前もって知らせてくれてありがとう。そのさりげない優しさがうれしいよ」

以上が、相手を認める４つの承認のテクニックです。日常の生活でぜひ使ってみてください。どれも言われた方には、認めてもらったという安心感を与えることになるでしょう。

相手が称賛・承認の言葉に拒否反応を示したら

４つのテクニックを学んだみなさんは意気揚々としてトライしてくださるでしょう。でもやってみると相手から思いもしない拒否反応がかえってくることもあるかもしれません。必ずしも、すべての人が称賛・承認をうまく受け取れないからです。

「子ども扱いされている」「バカにしている」「なに言ってんの？　急にどうした？」「は？」などといった、せっかく頑張って言葉を伝えた側ががっかりするようなことも起こるかもしれません。もしこのようなことが起こったら、以下のようなことを考えてみてください。

・称賛を送る側の動機は？

まずは自分の動機をよく振り返ってみましょう！

「この人を、この問題行動を、何とか変えようと思って、称賛しているのか？」

それとも、

「本当にこの人の奇跡・輝きを見ることができて、それに感嘆している状態なのか（つまりワーオ！　ってこころから思えているのか？）」

それによって、まず相手のハートへの届き方が違ってくると思います。

・受け取る側の問題

人によっては今までの生活の中で、「自分は最低の人間だ。自分が好きではない。どうしようもない人間。意思が弱い。しっかりしていない。ブスだ」または「自分は人より優れている」「低俗な人と私は違う」などと間違った幻想を抱いている人も多くいます。自分を人より低く見たり、または高く見たりして、その比較の中で気持ちが揺れ動くような状態です。

そしてこの状態が本当は「間違っていて」「幻想を見ている」とわかっていない人がいます。また少しずつ「ちょっと違うかも」「私って素敵なところがある」と思い始めている人もいます。大分自分を信じて、ありのままの自分を愛して、自分のことを大好き！　素敵！　って思えている人もいます。

その程度によって、人からの感嘆の言葉の受け取り方が違います。自分が描いている自分像と人から言われた自分像とがかけ離れていると、それが信じられなくて拒否反応が起きます。あまりに違いすぎる言葉を受け取ると自分に向けられたものと思えず、思わず否定したり、疑ったり、ときには攻撃的になってしまう人もいます。

先日あるビデオを見ていたら、「美しいね」って言われた女性があきらかな拒否反応を示すのが分かりました。でもよ〜く見ると少し口元が緩むのです。ちょっとでもかすかにでも、それまで作られた自分像が崩れ始める一瞬がそこに見えました。

真っ暗闇の中でずっといたため光が差し込んできたときにまぶしくて思わず「やめて！」って叫んでしまう感じだったのでしょうか？

暗闇から差し込んだ光のような「美しいね」というその言葉。本当は真っ暗なところにいる人ほど、この「光の言葉」を渇望しているのだと思います。ですからその人が暗闇にいることを否定的に言ったり、逆に自分の言い方が悪かったのかと凹んだりする必要はありません。だからこそ「あなたはこんなにも耀いている」と伝えることをやめないでほしいのです。

・習慣・文化の違いを超えて

人から称賛を受けたら、「そんなことありません」と謙遜するのが良いことだと思いこんでいる人も多いかもしれません。称賛を与えたり、受けたりということにあまりなれていないという習慣的なものもあると思います。

また家族同士では「気恥ずかしい」などと思ってしまう人もいるかもしれません。でも、相手が何か間違いを犯したときは、なにを置いても前に出ていって、「あなたは間違っている。直しなさい。それがあなたのためだ」みたいなスピーチは恥ずかしがらずにしますよね。

これと同じぐらいのエネルギーの入れ方で、生きている今、言葉でちゃんと相手に伝えてほしいのです。そしてその人が生きている間に、間違った幻想から目覚め、真の自分の姿を見るお手伝いをしたくないですか？

まして、自分の愛する家族だったら、本当は感動とともにちゃんと毎日伝えたくないでしょうか？　もう古いいらない習慣は投げ捨てましょう。

自分に称賛を与え、受け取る許可を与えてください。

・称賛の出し方を変える

こころの中で感動さえあれば、伝え方は人によりちょっと変えてもいいと思います。

あまりに相手が拒否反応を示す場合は、ちょっと小出しにしたり、控えめにしたり、さりげなく伝えたりしていきます。

描写するだけにとどめたり、言い方をちょっとニュートラルにしたり、ふつうの声のトーンにしたり、量を少なくしたり。

または、どうして自分が相手を素晴らしいと思うのか説明が足りず、一言で終わってしまっている場合は、意味が通じにくいということもあるかもしれません。もう少し説明を言葉で加えてみるというのも大切かもしれません。

どちらの場合もこころの中は燃えていきましょう！

最後に、拒否反応が出てもあまり気にならないぐらい、ポジティブにいられる力を養いましょう。それが戦士のアプローチの強さなのだと思います。

「今にあること」という意味

ＮＨＡをやっていると、強制的に意識を今にもってくることになります。今起こっていることをちゃんと見て描写するには、「今」に目が覚めていないとできません。これが「今にある」という訓練になるのです。ときには、激しい感情にかられることもあるでしょう。そんな場合それに気づき、その感情を大切にします。でも同時に自分の思考のパターンを変えなければなりません。ものの見方がずれたときに、「不安、恐怖、心配、みじめ」な感情がわいてきます。思考が「未来や過去のことを考える」ことに傾くとこのような感情がわくのです。つまり「今」からずれている状態をさします。

「あの人があんな言動をした。なんてひどいんだろう。今度会ったらなんか言ってやりたい。懲らしめるにはどうしたらいいんだろう」「私あんなこと言っちゃった。あの人に誤解されたらどうしよう。なんて私はばかなんだ」「将来仕事がもし無くなったらどうしよう。どんなふうに生きていけばいいんだろう」「あの人と比べて私は恵まれていない」「私にはお金がない」「なんで私だけ不幸にあうのか」など、頭の中で次から次へとこんな言葉が飛び交い、心配はつきることがありません。

スピリチュアルティーチャーのエックハルト・トールは、今起こっていない過去や未来のことを心配して不安や恐怖に駆られること、人と比べて自分を上や下に感じる考え、自分を物質的な何かで定義づけられると思いこんでいる間違った思考を、「エゴの働き」と呼んでいます。そして彼は、このようなエゴに駆られる思考の働きのおかげで今の人類の不幸が起こっていると話しています。

瞑想などで「今」に立ち返ることができると、こころの深いところにある穏やかさに戻ってきます。自分がただそこに生きていることに気づきます。心臓が動いて、息ができて、生きている奇跡の自分が見えています。なにも問題はありません。深い至福感、落ち着き、静けさ、ありのままの現実があります。そこには「悲劇」がありません。すべてとつながっていて、そして同時に固有の自分でもあります。

私たちの多くの場合は、思考が狂っているせいで、本当のことが見えていません。「自分のことを何か足りない、欠けた存在」だと思いこんでいます。

自分像がどのように作られるのかの話を覚えていますか？

だいたい誰も自分のことをどんなにかけがえのない奇跡的な偉大な存在なのかということを忘れ去っています。「奇跡的な偉大な存在」というのは、子どもに対してもそうだし、自分に対してもそうだし、自分が勝手に思っている「あの最低なやつ」についても同じことが言えます。

私たちは本来、この地球上で人間的な経験をしている「魂」の存在です。つまり私たちの本来のエッセンスは、すべての生き物宇宙とつながる神聖な存在です。私たちの本質は、「自分はだめ」とか「自分はネガティブ」とか「私はなにやっても失敗する」とか「私は母親」とか「私は日本人」とかという思考とも、無縁の存在です。

臨死体験をした[12]アニータ・ムアジャーニさんは著書『喜びから人生を生きる』で、このことを次のように言っています。

「実のところ、私という存在は、この体でも、人種でも、宗教でもどんな信念でもありません。同じことが他のすべての人にも言えます。本当の自分とは、無限で、はるかに強力であり、壊れたり傷ついたりすることのない完全な存在です。無限の自己は、人生の航海に必要なものをすべて備えています。なぜなら、私たちは宇宙エネルギーと一つだからです。事実、私たちは宇宙エネルギーそのものなのです」

12 アニータ・ムアジャーニ　『喜びから人生を生きる！ —臨死体験が教えてくれたこと』（2013）末期がんから生還した体験を持つ。自分を無条件に愛し、恐れずにありのままの自分でいることの大切さを世界に向けて語る。

最後に

今まで紹介したテクニックを使い始めるとすぐに何らかの効果が出るので、びっくりするかもしれません。

そして同時にもしかしたら周りからの抵抗を受けることになるかもしれません。社会全体が懲罰的な中で、このアプローチは真っ向から対立するようなものだからです。

私からのお願いは、あきらめないでください、ということです。

ＮＨＡは実際やってみるとそんなに簡単なことではありません。

でも「子どもの素晴らしい輝きを、子ども自身が豊かに感じられるようになる」としたら、何をおいてでも、あきらめず努力してほしいと願わずにいられません。

ワークショップや講演会に機会があればぜひご参加ください。そこで知り合った方たちとフォローアップ会やフェイスブックでつながりましょう。お互いにたくさんの体験から得た英知を分ち合いましょう。

自分の家族も含めたくさんのアメリカでの家族たち、そして日本の家族がこの方法を使うことで救われ、大きく変容するのを私は見てきました。

どうぞ信じてやってみてください。

最後にハワードさんの言葉で締めくくります。

「これからは、自分のことを〝スピリチュアルな戦士〟と思ってください。あなたのミッションは、子ども、あなた自身、そしてあなたが出会う人すべてが自分の偉大さを自覚できるように成長を助けることです。この探求の旅に出ることにより自分も成長することに気がつくでしょう」

「私も使ってみました！」
16人のNHA成功体験談

※以下実際の体験談をご紹介しますが、プライバシー保護のために多少内容を変えております。予めご了承ください。

1 7歳で自殺未遂、少女キャレン[13] （キャサリン・B・シェロド 心理学者）

州立の精神病院で働いているときに、たくさんの問題を抱えた思春期の子どもと出会いました。この子たちは自分たちが「バカで醜く、世間にとって無意味な存在だ」と思いこんでいました。自分もそこで働くまでは、暗い職場になるにちがいないと思っていました。でも、実際に働いてみてそこで働くことがこんなにも好きになるなんて予想もつきませんでした。

正直言えば、州立精神病院なんかで働くことは誰も好きではないと思います。いつも人手不足で、疲れやすい、魅力のない職場といえるでしょう。でもそこで素晴らしい子どもとの思いがけない出会いがあったのです。

キャレンは、7歳のときに首をつりました。最初の自殺未遂です。両親や学校の先生とも折り合いが悪く、素行が悪いために特別な学校に入れられました。そこでもうまくいかず、悪化していきました。様々な施設に行きましたが、素行問題が続きました。食べることを拒否したため、極端に体重が減りましたが、それでも取っ組み合いのケンカをよくしました。

13 Transforming the Difficult Child: True stories of Triumph（2008）by Jennifer Easley and Howard Glasser（p.64-66）

最後に収容されたのが、この州立精神病院でした。ここでも最初は大変でした。さらに体重が落ちたので、一般病棟に移され治療を受けました。ところがそこを退院したときに自分を切りつけ、また再入院となってしまいました。その後も、自殺防止のため常勤のスタッフがついていたにも関わらず、また自殺未遂をしたのです。二人の常勤のスタッフが彼女を見ていました。ということはこの子一人の命を守るために8時間ずつ交代でスタッフが二人ずつ勤務したわけです。3か月間に及ぶ入院治療で、常時見ていてくれたスタッフのポジティブなコメントの効果によりやっと状態が落ち着いてきました。彼等はNHAを学んでいたのです。最初、ポジティブなコメントを言われるたびに、キャレンはただ肩をすくめるだけでした。でも自分の知性を高く評価されるようなコメントをされるときは、比較的受け入れやすそうだったので、特にそのことについてコメントを続けました。常に彼女と一緒にいるスタッフはNHAを使いながら彼女を励まし、支えていきました。それと同時に私はそのスタッフたち対してもにもたくさんNHAの承認のコメントを送り続けました。

私自身が心理カウンセラーとしてキャレンへ直接送ったポジティブなコメントはほんの少しだけでしたが、例えばキャレンが食べてくれた日は、自分を飢えさせたりしないでちゃんと自分を大切にケアできていることをコメントしたり、食べないときは他のことでポジティブなことを見つけました。自傷行為をしていないときを見つけて、そこについて称賛の言葉を送りました。そして、だんだんうつむいてばかりいた彼女は顔をあげるようになってきました。

スタッフがポジティブなことに対してコメントする機会も増え、やりやすくなっていました。外に行く日があったので、私はその日のキャレンの笑顔が素敵ねとコメントしました。そして、自分でも自分の良いところを見つけて言葉にしてごらんと言いました。彼女は最初、それは「無理だわ」と言いました。では、私の良いところを見つけて言ってみて、と言って練習させました。他のスタッフについても、キャレンが感謝していることを言葉にしてごらんと言いました。ゆっくりと彼らの良いところを言葉にする練習を重ね、だんだんできるようになりました。そして自分についても良いところを見つけて言葉にすることもできるようになったのです。

次第にキャレンは死にたいという思いから離れ、生きたいと思うようになりました。常勤で監視するスタッフも2人から1人に減りました。そして一対一の監視体制もやめになりま

した。キャレンにこの場所で何が変わったのか聞いたところ、
「他の場所では、いつか自分がへまをやらかしてすべてを台無しにするとわかっていた。だから前向きにやってみようとも思わなかった。でもここはみんなが自分にうまくいくように望んでくれている。私がちゃんとやっているときを見てくれる。もし失敗してダメになっても、それでおしまいにしてくれる。またチャンスをくれるの」「本当に私に元気になってほしいと思ってくれているのだと思う。何回もチャンスをくれる。きっと本当に気にかけてくれているのだと思う」と話してくれました。

この16歳の彼女が本音で語ってくれたことにこころから驚き、ありがたく感じました。自分に何が起こっているかを明確に理解し、言葉でちゃんと伝えてくれたことに深く感謝してその洞察力を讃えました。自分をケアしてもらうことに対して彼女のハートがオープンになって、私たちの思いが通じ癒されていったのでした。

約18か月後、病院から退院して里子の家庭に行ったとき、私に連絡をくれました。「高校3年生をやっていて、放課後バイトをしている。里親さんのところの実子は、いいやつだけど時々ムカつく。友だちもいて、卒業後空軍に入ることになっている。空を飛びたいんだ」

と話してくれました。

キャレンは、自分の夢を実現するために人生を歩んでいました。このように報告してくれて本当に感激しました。

2 教室でふざけてばかりいた小学生たちが（英会話教室経営者 女性 40代）

NHA講演会とワークショップへ参加し、約3カ月学び、英会話教室にかよう小学校の子どもたちの授業で試してみました。

とくにある学年の女子は、ふざけたりおしゃべりをして、クラスの進行を妨げることで悩みの種でした。いくら注意をしてもおしゃべりと、ふざけが止みませんでした。

「ここは、お金と時間を使ってわざわざ英語を学ぼう！ って気持ちで来てくれる場所だよ」「やる気がないなら、やらなくていいよ」「お母さん、お父さんが頑張って働いたお金、おしゃべりやおふざけに使わないで」「先生も真剣に教えているよ。ふざけたりしないで」「ゲームの時間はちゃんと楽しんで、休む時間はちゃんと休んで、おしゃべりの時間はおしゃべりしてもいい、同じように覚える時間はちゃんと覚えようよ！」などなど、すごいエネルギーを使って叱っていました。子たちにぶつけていました。その子たちも、そのときは一瞬はしゅんとなり、良くなるのです。でも、すぐまた同じことの繰り返し…。叱ることはたくさんの負のエネルギーを使うので、本当に疲れました。

その子たちにだって、ちゃんとたくさんの良いところがあって、頑張ればちゃんと伸びる力もあることも知っているのに、それを伝えきれない自分もなさけなかった。

いっそのこと、この子たちが辞めてくれたら、他のやる気がある子にとってもいいなぁ、なんて、とても意地悪な気持ちがあったのも事実です。

それでも、その子たちは辞めることなく、毎週英語クラスに来てくれる。そのこころの裏には少しでも英語を覚えたい。クラスが楽しい…、そう思ってくれる気持ちがあったのだと思います。

なので、このＮＨＡと出会ったとき、絶対この子たちのために使いたい！　と、こころから強く思ったのです。

英語のクラスで〝おふざけ〟がすぎる子どもたちに「叱る」を繰り返し、疲れていた私は、ＮＨＡを学び、目からうろこでした。子どもたちに早く出会わせたいと思いました。

そして、すでにできていること、あたりまえのことに意識を向けて、承認の言葉、プラスの言葉、ときにほめる言葉をシャワーのように浴びせました。

今までもその子の可能性、素晴らしさへはたくさん言葉にして表現するようにしていましたが、そのハードルの高さを「できてあたりまえ」のレベルにまで下げ、そうできていることの素晴らしさを喜ぶことへ意識を向けました。

逆に今まで大きなエネルギーを向けていた「おしゃべりやおふざけ」への反応はストップし、そのふざけ行動をやめた瞬間を見逃さず、言葉にして、そうできたことを祝いました。

すると…、

面白いようにその子たちが変わり始めました！　最初は「はぁ〜〜〜？」と怪訝《けげん》そうな、恥ずかしそうな様子でしたが、明らかにふざけている時間が減ってきたのです。

そして、できていることを言葉にすればするほど、その時間が長くなってきました。NHAを始めて3カ月、以前のように感情をあらわにして説教することは一度もありません。

もちろん、ふざけたり、おしゃべりしたりが完全に止まったわけではありません。それでも、遅刻が減ってきたり、しっかりと指示を聞いて向き合ってくれる雰囲気がそのクラスの中ではあたりまえになってきました。これはとても嬉しく大きな変化です。何よりも、子どもたち自身が少しずつ〝自分に自信〟を感じ始めているのが見て取れます。

今までも、自分なりに「その子の素晴らしさ」を大切に英語クラスの子どもたちと向き合ってきたつもりです。でもそれだけでは解決できなかったことが、ＮＨＡを学ぶことによってこんなにも効果的が上がったことに驚きと感謝で一杯です。

3 遠距離暮らしの成人息子にＬＩＮＥを使って（主婦 50代）

とても嬉しいことがありました！

売れない芸人生活しながら深夜のバイトをしていた23才の長男が、就活を始めるんだそうです。

長男は高校を卒業後に芸人を目指して上京。それから4年半が経過しました。

同級生たちが大学を卒業するころに、長男は自分の人生に対しての葛藤と闘い、一時は自信喪失から意欲をなくし物事に対して素直に受けとれなくなり、希望をなくしていました。

東京暮らしの長男とはＬＩＮＥが主な連絡手段なので、毎回毎回、良いところを切り取り、こと細かく言葉にしてＬＩＮＥで伝えていきました。

その後、長男はゆっくりですが元気になっていきました。

あたりまえですが、長男の人生で、一番悩んでいたのは長男です。

なので私も、覚悟を決めて長男の夢や、やりたいことにも全面的に応援しよう〜！　と思った矢先の今、想像もできなかった就活宣言!!

ＮＨＡ半年での意識の変化は、私が意図しないところに現れました。びっくりだったし、とても嬉しかった♪

長男が40才になっても今と変わらず、売れない芸人をしながらのバイト生活が続いていくこともあり得るのだろうと、心配しつつ覚悟はしていました。

ＬＩＮＥを通してのＮＨＡによって長男は、自分を冷静に見ることができ、その状況に応じて、より良くなるために真剣に向き合えるようになり、そして、自分の人生を選択することができ、またそれにチャレンジする勇気が生まれたのです。

私も長男の新たに良いところに気づき、それがまた嬉しいんです♪

私も長男も、他の人の良いところに少しずつ気がつけるようになってます♪

これって習慣化するんですね！

まだまだ、これからＮＨＡが楽しみになりました♪

4 さいなことで落ち込んだとき、自分に（心理カウンセラー 女性 50代）

ショックなことがありました。

映画館のチケット売り場での事。

「もしよろしければ、シニア１１００円にてご覧いただけます」

一瞬私はポカンとなりましたが、しばらくして思わず、

「わたくしシニアではございませんっ！」

と語気も荒く抗議していました。

私は、どうやら60歳以上のシニアに思われたようです。ガッカリして映画館に入りました。

「私は53歳なのに、何て失礼な！　不愉快だわ！」

「笑い飛ばしたくて映画に来たのに、気分悪いな～。何てこった」

「そんなに老けて見られるのかな？　いやだな……」

などとネガティヴな感情が怒涛のごとく押し寄せ、あわやそのまま流されていきそうになったとき、自分自身をながめるＮＨＡスイッチが入りました。

そして、「怒り、悲しみ、戸惑い、恐れ」などのネガティヴな感情に支配されている自分自身を優しく抱きしめ、落ち着きを取り戻したところで、窓口の人の素晴らしさを切り取って祝福して見ることにしました。

「シニアである確信はなかったのか気遣う様に恐る恐るシニア割引の話しをしていた。勇気がある」

「割引を利用してもらおうと客の利益を考えてくれた。思いやりがある」

「マニュアルに忠実であろうとした。自分の責務を果たそうと努力していた」

彼女への共感と祝福ができたことで、私自身の怒りと悲しみは収まり、映画を楽しく観ることができました。

その場で無理なときは、気分が落ち着いてから、そのときの様子を映像の様に思い出しながら相手の輝きを切り取りエアーNHAで祝福をします。

これをすると、落ち込んだときの自己の立ち直りが早いですし、I'm ok! You are ok! と思えて、ネガティヴな感情に落ち込んだ自分を責めることはありませんね。そんなことに気がつきました。ありがとうNHA。

5 職場でのやり取りがスムーズに（事務員 女性 40代）

いつも請求書がくるのが遅く、間違いが多い会社があり、毎月イライラしてます。

9月末〆の請求書も10月20日に届き、しかも間違いが多いため、私も時間を取られてイライラするんです。

でも、ネガティブに焦点を与えるのをやめ、間違えた箇所と訂正願のメールを送りました。文の最後に「現場も作業者も多くて把握するのも大変な中、責任を持って請求書を作成していただきいつもありがとうございます」とつけ加えました。

いつもは その後訂正した請求書が1週間程度で届きます。今回はその日の夜に届き、感謝の文もついていました。

その後「早急に対応していただきありがとうございました」とメールを送り、「いつも御手数をおかけしていて、すみません」と返信がきました。

今までのイライラするやり取りがスムーズに変化している感じがするのですが。今後もNHAを職場でも使ってみたいと思います。

6 一番の変化は夫（塾講師 女性 50代）

NHAを知り、まず自分自身をたくさんケアして今までの疲れを取りました。

そしてNHAを家族にも使ってみました。すると私の周囲がウソのように変化してゆきました。一番の変化は、主人です。古い思考がこびりついた夫。

「今の時代になぜ女性が男性の後を三歩さがって歩かなくてはいけないの」と、よく口論していました。

家事に、子どもの世話、プラス主人の会社の経理関係の仕事の手伝いで私は一杯一杯。でも、夫は自分が言いにくい話などがあると、私に処理を頼んできたり、なんでも押しつけてきます。そのあげく「黙ってこなすのが女房のつとめ」とか言われ……（ムカムカ）

でも、ＮＨＡを使うようになってから、そんな主人が本当に変わりました。

三食、食後は台所に入り後片付けをしてくれるようになりました。

さらに、「日曜の朝食は、自分が作る」と言い出し、近くの24時間営業のスーパーに買い出しに行き、家族４人分の朝食を用意してくれます。

私の話にも耳を傾けてくれるようになり、主人が自分で「こういう考えは古いんだよな」と、私に確認をしてくることもしばしばあります。

おかげで、家族崩壊の危機は免れました。自分を大切にし自分以外の人も大切にアプローチすると、１８０度世界が変わるものなのですね。

7　怒りを愛に変える（心理カウンセラー 女性 30代）

私がＮＨＡを通して学んでいることは、世界を「愛」の目で見ることです。マイナスなとところに意識を向けず、プラスなところに意識を向けることは、自分に、そしてまわりに愛情を送ることなのだとわかりました。

NHAと出会う前は、自分のパートナーとぶつかったときに、相手が悪いとパートナーのせいにしたくなったり、過去もこんなことをされた、と過去のことに結び付けて被害者意識が強くなっていたことがとても多かったのです。そのため、したくもないのに、けんかばかりして、お互いに傷つけてしまうことがよくありました。もちろんぶつかることで、お互いに学びあい、お互いに成長しあえる機会でもありましたが、ぶつかることが頻繁になると、やはりぐったりしてしまうものです。

NHAのことをはじめて聞いたときは、「そんなことはもうやっている」と思ったり、「そんなの意味がない」と思ったり、とにかく抵抗ばかりでした。しかし、サポートを受けながら、できるところから少しずつNHAをやっていくと、仕事ばかりではなく、家族間でも変化があることを実感していきました。

一番大きく変化したのは、自分の怒りでした。ふだんから、自分のポジティブなところに目を向けて、例えば「今日はとても疲れているのに、ちゃんと自分と家族のために料理ができた。それはみんなの体を大切にできている私」「今、ソファーでごろんと横になりたいけれど、腹筋をやっている。セルフケアができている」などとやっていると、自分の輝きを素直に感じることができていきました。そして、イライラしたときに、ただイライラの感情に目を向け、思考は「リセット」することによって、パートナーとぶつかることが断然減りました！　イライラ自体は、大切な感情ですが、イライラしているときの思考は、私にとっては被害意識を高めるだけだったのです。イライラしたときに、私の魔法の言葉は「すべて許されました」です。この言葉を頭の中でつぶやくと、驚くほど、すっきりして、イライラがすっと消えるのです！　自分の中の輝きを受け入れることができたからこそ、このイライラは消えていくことができたのだと思います。

8 けんかばかりしていた夫から「ごめんね」（ボディーワーカー 女性 40代）

私は、夫との関係を改善するためにＮＨＡを始めました。

結婚当初から、私が何気なしに、日常の細々としたことについて触れただけで、夫からは、驚くほど、自己防衛の言い訳が戻ってくるので、驚かされてばかりでした。

例えば、「もー、こんなところに汚い靴下置いてぇー」と、うっかり言ったとすると、〝こんなところに汚い靴下を置かなくてはいけない〟驚くべき理由が、要するに屁理屈が、論理立った彼なりの正論となって、ものすごい剣幕で返ってきます。

「謝ることは負けたと同じ」という考えが根底にあるようで、なかなか素直に自分の非を認められない、謝れないのです。

また、全ての事象をネガティブに受け止めてしまい、まさに「コップはもうあと半分しかない！」タイプでした。

下手をすると「2ミリ減ってる！　盗まれた！」など、どこからきたやら、被害妄想つき。

常に、「えー、そんな風に理解しちゃったんだ」とあ然とさせられることの連続でした。

そのため、これまでに、かなりのけんかを繰り返してきました。

最初は、NHAの誓いの1、2、3をいっぺんにやろうと頑張っていたのですが、瞬時にすさまじい量の言い訳が返ってくるのと、夫は私より弁が立つのとで、私がポジティブな言葉や承認の言葉を並べ立てる暇が全く持てないために、うまくいきませんでした。

そこで、作戦を変更。

とにかく、第1の誓い「ネガティブなことに反応しません」を徹底することにしました。

それだけをやり続けてしばらくすると、様子が変わってきました。

夫のこころから怒りが減り、穏やかになってきたような気がしました。

しかし、私の中に、一方的な我慢の不満がたまってきたため、
第3の誓い、「クリア！　ルールは明確に」に取り組みました。いやなことだけは明確にきっぱり「これはやめて！」と言うことをつけ足しました。

「地面に置いたバックをダイニングテーブルの上に置かないでね」など、極力、優しく、でも、強いきっぱりとした口調で言うようにしました。

それから、すぐに、私自身のエネルギーをリセットし、全く別の楽しい話を始めるようにしました。

「決して、怒って言わないこと」と「即、その場の空気を換えること」に気をつけました。

すると、今までは、〝ダイニングテーブルの上に置かなくてはならなかった〟理由が、くどくどと返ってきたのに、その言い訳がピタッとなくなったのです。

代わりに「はい」などという返事が！

これには、私もびっくりでした。

そして、いよいよ、第2の誓い「ポジティブなことには反応します」も取り入れました。ちょっとでも何かをしてくれたり、私がやめてとお願いしたことを守ってくれたとき、すかさず、大喜びで「ありがとう」を言い、そのことをほめました。

すると、次第に、第3の誓いの「やめて」を言ったときに、「ごめんね」まで返ってくるようになりました。

これまた、びっくりでした。

謝るなんて、今までなら、最後の最後。

しかも、無理矢理言わされた感じの「ごめんなさい」だったのに、自分から素直に謝るようになったのです。

まだまだ、描写のテクニックや、承認のテクニックは使いこなせずにいますが、夫の大きな変化を目の当たりにして、嬉しい驚きばかりです。

仕事場や、日常生活にも使うようにしています。

また、そうこうしている間に、私自身が一番必要なことにも気がつきました。

いやな思いをしたり、不愉快な場面に出会ったときに、まず、自分に対してNHAをすることを思い出し、試みています。

「ちょっとイラっとしたけど、ちゃんと寛容な冷静な対応ができて、えらかったよ、私！」など。私は、今まで、自分にとても厳しく、自分を許せず、それに気づかずに生きてきたので、NHAを私自身に向けて行うことが、何より一番の癒しとなっています。

自分に厳しいということは、他の人に対しても厳しかったのだと反省しています。

人間は誰でも「認めてもらいたい」「ありのままを受け入れてもらいたい」ものなのだなと、あらためて感じています。

9 5歳の息子に教えられ（主婦 40代）

今週は月曜日以降5歳息子の暴力もなく、割と穏やかに過ごせてホッとしていました。

それなのに昨日は帰宅するまではご機嫌だったのに、体にかゆいところがあったらしくかゆくなるたびに怒った声で「ここ押さえて、なんとかして」と要求してきました。いつ怒り出すかひやひやしながら、キレないようにと思って呼ばれるたびに「はいはい」と返事して「かゆいのつらいね。でも…あ〜私は胃が痛い」と思いながら穏やかに対応していました。

今朝はテレビを見ているのに家族がしゃべっていてテレビの音が聞こえないとキレました。キレたあと、しばらくしてリセットできて「ごめんなさい」と言うので、落ち着けた事をほめたあと「ママに頼みたいことがあったら、怒らないで落ち着いて言ってね」と伝えました。すると首を横に振り「ううん、怒ったほうが言うことを聞いてくれるから、これからも怒って言うよ」と笑顔で宣言されてしまいました。

確かに、子どもが穏やかに要求を伝えてくれたときは「ちょっと待って〜」などと言ったりしましたが、怒って言ったときはキレては困ると思い、すぐ子どものところに飛んで行きました。

エネルギーの出し方や伝えるタイミングの間違え、たくさんありますね。気づくたびに修正していきたいと思いました。

10 不登校・引きこもりの娘に笑顔（主婦 50代）

この数年間、娘が不登校になり、家でずっと引きこもり、夜中ずっとパソコンをやっているようになってしまいました。ＮＨＡを家でやってみる前は、娘は感情的になると刃物を持ち出したり、殺す・殺されるという事態になり、警察を呼ぶこともありました。でもＮＨＡをやり始めてからは、娘の良いところに意識を向け、言葉でたくさん伝えました。学校に行かないことに対して、説教をしたり、怒ったりすることをすべてやめました。

一日の中でできたことを認め、喜びとともに「〜ができたね」といえるようになっていきました。

すると少しずつ生活が変化しはじめたのです。夜中起きているということがなくなり、そのうちに外に行くことが少しずつできるようになっていきました。学校をやめて他の通信制の学校に行くという決断もできました。そして通信制の学校の課題も少しずつ自分でできるようになってきています。

今では、家で手伝いができるようになったし、前のように怒りをぶちまけるようなこともなくなってきました。

何より日々の生活の中で笑顔が戻り自分の気持ちを話してくれるようになってきました。今大きな変化を感じはじめています。

11 うつからの脱出 （学校教員 女性 30代）

長年教師をしてきましたが、うつで休職することになりました。過労が重なり、動けないほどのうつ状態になってしまいました。

休み始めたころは、「近所の人になんて思われるんだろう」と人の目が気になり、外にでることも億劫でした。そして休職後の休養によって少し元気になり始めると、今度は「みんな頑張って働いているのに私は怠けているのでは？」と休んでいること自体に罪悪感を感じるようになりました。

そんなとき、ＮＨＡに出会い、自分のネガティブになりがちな考え方や受け取り方を変えることを学びました。そして思考をリセット（転換）し、気持ちがネガティブにならないように調整できるようになりました。

ＮＨＡをやり続けるうち次第に自分を認めてあげる言葉をたくさんかけることができるようなり、ある日お風呂の中で、自分に向けて言った言葉が初めて本当に自分のハートに届いたことが実感できました。そう感じたとき、「はじめて自分を認めてあげることができた」と涙が流れました。

そして今、うつになるきっかけになった人たちのことや出来事も、違う視点から解釈することができるようになってきています。

さらにうれしいことには、だんだん、うつ状態から解放され、ＮＨＡを子どもに対し使いながら、次第に子どもをかわいい、「生まれてきてくれてありがとう」と思えるようになってきたことです。驚いたことに、ある日幼稚園児の娘が、私にこう言ったのです。

「気持ちの切り替えがよくできたね！　お母さん！」これにはびっくりしました。

12 子育てがつらくて始めたら（医療従事者 女性 30代）

子どもにどうしても感情的に怒鳴ったり怒ったりしてしまい、自分も子育てがつらい、このままでは家庭が壊れてしまいそうと、必死な思いでＮＨＡトレーナーに相談しました。この時点では、子どもがかわいいと思えなくなっていましたし、こころが疲れ切っていました。

自分がされてきた、そして自分の子にしてきた子育てのやり方とまったく違うＮＨＡを学ぶ中で、とまどうこともありましたが、一生懸命に取り組みました。主人も理解を示し協力してくれたおかげで少しずつ効果が見えてきています。

まず、子どもがかわいいと思えるときが増えてきました。そして同時に子どもが人をたたいたりけったりというような暴力の頻度が減っていきました。子ども自身が自分ができたことを評価し「私ってえらいでしょ？」と誇りに思えるようになってきました。たくさんの承認の言葉を受けて、夜のぐずりが減り、眠りも入りやすくなってきたようです。

今までの自分の子育てを振り返ったときにも、「あのときはあのときの自分の精一杯をしてきたんだ」と自分を責めることをやめました。そして今の自分に「ネガティブな方向にガーッと引っ張られそうになるのをとどまる力」がついてきていることも自覚できるようになりました。主人との関係も改善され、お互いの本当の気持ちのシェアがより深くできるようになってきています。まだまだ遠い道のりではありますが、希望が見えてきています。

13 うつの社員が徐々に会社に復帰

（会社役員 男性 60代）

小規模企業の会社社長をしています。家族関係を改善するために、ＮＨＡを学びました。でもこれは会社という組織の中でも使えると確信し、日々意識しています。

「毎日一回は相手の素晴らしいところに注目してコメントしよう」と社員にお願いするところから始めました。私自身も積極的に部下の良いところをたくさん見つけて詳細に具体的に承認しています。「問題」が持ち上がったとしてもその場面で、その問題に気がついてくれた社員の素晴らしいところを言葉にし、問題になっている社員に関してもその人の良い性質を言葉にしていきます。

ちょっとこころのつらさを抱え会社に来にくくなってしまった社員にも、その社員がたとえお昼からでも、たとえ10分でも会社に立ち寄れたら、その来ることができたその勇気を称賛し、その社員のまじめさ誠実さについて伝えます。

その周りで、その社員が休むときをカバーして働いてくれる社員についてもその働きぶりについて感謝の言葉をのべます。結果、この社員はうつから回復し復帰しています。

このようにNHAを活用しているうちに、社員の意識が上がってきて、やる気がはっきりと見えるようになってきました。アイディアを自分からすすんで持ってきたり、自分たちはこれを目標にして働きたいと自発的に発言してくれます。

ダメ出しすることによって、また叱ることで、会社を経営していくものだと勘違いしている社長は、まだまだ多いと思いますが、私はNHAによって、それが全く逆効果だということを知りました。

14 ADHDの子からもらった折り紙のメッセージ

（特別支援学級教員 女性 40代）

特別支援学級の支援員をしています。

ＡくんはＡＤＨＤ（注意欠如・多動性障害）と診断され、多くの先生からたくさん叱られてきました。あまりに素行で問題が多い子なのでほとんどの先生からもつまはじきにされ、もう相手にされていないような子でした。

その子に対してＮＨＡを3日ぐらいやったころ、彼が手紙をくれました。人に手紙を送るなんてことはまずしないような子なのでとてもびっくりしました。

「Ａさまへ　いつもぼくをほめてくれてありがとう　Ｂより」

みどりの折り紙に込められたこのメッセージ。とても嬉しかったです。

ＮＨＡを使い始めて3日目で、このように反応してくれたのは、自分の良さを見てもらえることがほとんどなかったので、きっと本当に嬉しかったのでしょう。そのことをとても欲していたのかもしれない、と思いました。

その後、他の子どもとの間でも確実に良い変化が起こり始めているのを感じます。

ただ、他の先生方は、今までの古いやり方で指導をしています。

「そんなことするんなら、親に来てもらって帰ってもらうよ」などの脅しを使ったり、怒ったり、怒鳴ったりが続いています。

そんな中、私はＮＨＡを子どもに対して使いながら、この先生に対しても生徒をほめることができたときに「先生の子どもの良さを見る力があること」を称賛しています。

学校の中で、たった一人でＮＨＡをやっていくのは勇気と決意が必要ですが、できるかぎりやっていきたいと思います。

15 リセットの力 （主婦 50代）

私は子どものころ、何か「悪いこと」をしたり、「わがままなこと」をするたびに、母にたたかれて育ちました。だから自分がおとなになって子育てをする中で、しつけとしてたたくのはあたりまえのことだと思っていました。結婚した夫もそのような考え方でした。子育てでつらさを抱えるようになってから、二人の関係もギクシャクし、夫からのきつい言葉でこころが傷つくこともたくさんありました。夫との関係も子どもとの関係も限界を感じ、頼りになるはずの実家や母親からもサポートはもらえず、完全に孤立していました。

そんなときに、ＮＨＡを学び新しい子育ての仕方を始めてみました。最初はとても大変でした。自分がムッとしたり、イライラするのをリセットするのが難しかったのです。でも練習を重ねていくうちに、自分の強いネガティブな感情もいったん置いておく、または気持ちを切り替えることができるようになってきたのです。夫との関係や子どもとの関係も次第に改善していきました。

ＮＨＡを練習してだいぶ良くなってきていたある日、また母親から子育てのことで、かなり傷つく言葉を言われました。絶縁を考えるほどのつらさでした。でも、今回は大変で何日もかかりましたが、やはり自分の気持ちを切り替えることに成功しました。つまり、どんなにそれが理不尽な言葉だったのか、そしてどんなに自分が傷ついたかを考え続けるのをやめたのです。

そして、気持ちを切り替えようと決心したのです。今の相手の良いところに意識を集中させて、それを感謝の言葉にすることをやりました。このように気持ちを持ち直したら母親との関係が大幅に改善しました。お互いの信頼感でまたより深く結ばれることになったのです。

そうすると、なんと今までずっと母親との関係の中で傷つけられた体験が消え去ってしまいました。もうそれについて気持ちを思い出したり、考えたり、分析したりする必要性を感じなくなってしまったのです。今、自分が楽になってきたのを感じています。

16 4歳の娘へ「座って食べようね」（事務員 女性 40代）

4歳の娘が、家での食事中によく席を離れてしまっていたんです。

保育園の給食では最後までちゃんと座って食べている（と本人が言っている）のになかなか家では最後まで座っていられない。「席を立ったらそこで食事は終わりだよ」と言っても半分も食べないうちに立ってしまうので、結局席に戻るよう誘導してしまう…ということが続いていました。

あんまりうるさく言って食事が楽しくなくなってしまうのもどうなのかな、と思う気持ちもあり、難しいなと思っていました。でも、「あ、そうか」と気づくことがあったので、先日、食事が始まってしばらくしたところで夫に向かって、「お父さん、見て！　今日は○○ちゃん、ご飯食べ始めてから一回も席を離れてないよ！」と言いました。

夫は私の言わんとすることを察知してくれたようで、「ほんとだ、○○ちゃん、ちゃんと座ってる！　やっぱり４歳のお姉さん（ひとりっ子のうちの娘にとって「お姉さん」という言葉は憧れであり最上級のほめ言葉なのです）は違うねえ、お母さん！」と返してきました。

そこからは夫婦で、

「集中して食べることができるんだねえ！　集中力があるね！」

「食べ物を大事にしてくれてるねえ！」

「それに食事は身体をつくるのに大事だから、きちんと食事をするというのは、自分の身体を大事にできているということだよねえ！」

「それってすごい大事〜！　素晴らしいねえ！」と大盛り上がり。

娘は聞いてるんだか聞いてないんだかわからないような顔で食事を続けていましたが、その日、結局最後まで席を立ちませんでした！

もちろん食べ終わった瞬間に「見てお父さん、〇〇ちゃん、最後までちゃんと席についてたよ！」とあらためてお祭り騒ぎしました。

それ以降、娘が食事中に席を立つことは明らかに減っています。

ＮＨＡ、うまくいくときばかりじゃありませんが、これは楽しい成功になりました。

ＮＨＡおさらいＱ＆Ａ　８問８答

Q1 簡単に言うとＮＨＡってどういうものですか？

A ＮＨＡは正式には The Nurtured Heart Approach の略で「こころを育てるアプローチ」と訳します。ものの見方を変えることによって、すべての人の中に、偉大さや素晴らしい輝きを見つける力を養う方法です。すべての人間関係に使えます。

Q2 対象は誰に対しても使えますか？

A はい、誰にも使えます。自分にも、子どもにも、おとなにも、上司にも、部下にも、老人にも、知的障害があっても、発達障害があっても、犯罪者であっても相手が人間なら誰でも使えます。誰でも自分を認めてもらいたいという願いは共通だからです。一番大切なのは、自分に対してもできることです。ただ対象によっては、少し表現を変えたり、言葉の量を調節したり工夫が必要かもしれません。

Q3 考案者のハワードさんってどんな人？

A ニューヨーク出身のユダヤ系アメリカ人の方です。つるつるの頭にいつもにっこり笑顔で、感動しやすい人です。今は、アリゾナ州に住んでいて精力的に執筆活動、講演会、ワークショップ、トレーナー養成をしています。もともとは心理学者としてニューヨーク大学の修士号を得て、家族療法クリニックで心理カウンセラーとして働いていました。その後、芸術の道を志しメンタルヘルスの分野から遠ざかっていましたが、久しぶりに戻ってきて、大きなひらめきがありました。ＮＨＡのアイディアは、子ども時代のことをヒントにしてインスピレーションとして降ってきたそうです。

Q4 NHAは、簡単ですか?

A

はい。簡単です。そして同時に難しいです!（笑）基本は3つの誓い（76ページ参照）とテクニックは4つ（143ページ参照）なので、覚えてしまえば簡単です。でも、それを実際の生活の中で、実行していくのは難しいこともあります。かなり意識を毎日強く持ちつづけることが必要です。理解ある人のサポートをもらいながら意識を保ちましょう。仲間を見つけましょう。

Q5 NHAは、ほめるっていうことですか?

A

相手を承認することの大切さと具体的なテクニックを教えています。ほめるということは、相手の気分を良くして自分の望む行動を引き出そうとする動機が見え隠れます。NHAは、そうではありません。その人の本質にある素晴らしい性質についてありのまま認めるということです。それには、自分の価値観、見方、解釈の仕方を変える必要があります。

そしてNHAでもう一つ重要なことは、自分のエネルギーを出すタイミングを通常と反対にするという点です。（「さかさまエネルギー」の理論を参照　53ページ）

Q6　ワークブックを読んでやっていますが難しいと感じてます。どうすればいいですか？

A　できることから、無理せずゆっくりやってください。急に全部やろうとするとつらくなります。一つでもできたらOK！　その素晴らしい自分を認めてあげましょう。それよりもまずこの本を手に取ったこと、それから自分をお祝いしてあげてください。人にNHAをする前に、自分の今までの道のりや頑張りをまず認めて評価してください。自分にたくさんポジティブなエネルギーを与えて、セルフケアをすれば力がわいてくるはずです。

Q7 NHAの講演会やワークショップ、サポートグループなどはありますか？

A 静岡市の心理カウンセリング想月主催で開催しています。また、要請があれば、出張します。英語と日本語でできます。http://www.so-getsu.com/

Q8 NHAトレーナー養成講座はありますか？

A 現在のところ、アメリカ（英語）が中心です。時々、オーストラリアなどでも開催しますが、英語です。詳細は、http://childrenssuccessfoundation.com/

謝辞

この本がみなさんと出会えたのは、たくさんの人たちとの奇跡的な出会いやつながりのおかげです。

以下の方々にこころからの感謝と尊敬の意を送ります。

ＮＨＡを考案してくださったハワード・グラッサーさんの天才的なひらめき、全面的な協力をしてくださった子ども成功財団（ＮＨＡ本部）のみなさま、何千人にもなるアメリカのＮＨＡコミュニティーのみなさんの叡智に、私にＮＨＡコーチングをしてくださったターニャさんとサラさん、個人的なストーリーをシェアしてくれたセレステさん、日本で全く新しいＮＨＡに取り組んでくれている勇気ある仲間たちとその温かい支援、「こんなのやってられないムリ〜！」とＮＨＡに対して反感をちゃんと言葉で伝えてくれた方々（自分の伝え方を考え直すチャンスになりました）、いつもそばで一緒に働いてくれて相談にのってくれる川合仁美さん、出版社を紹介してくださりドラマセラピーの世界を紹介してくれた中野左知子さん、表紙のデザインをしてくださったゲイリーベイリスさん、フジくんを描いてくださったくぼたてるみさん、ＮＨＡの真価をすぐに見ぬき出版に甚大な協力をしてくださったじゃこめいてい出版の石川眞貴さん、丁寧に読んで編集・校正を担当してくださった石川るい子さん、本当にありがとうございます。

最後に、20年間一緒に横で歩んでくれている最愛の夫にこころからの感謝を送ります。この本はあなたがいなければ実現しませんでした。常に私の魂の成長を促してくれる子どもたちと夫にこころからの愛を送ります。

平成二十八年八月　吉日

山本麗子

著者プロフィール

山本麗子（やまもと　れいこ）

東京女子大卒業
コロンビア大学院　社会福祉修士号取得
ニューヨーク州　社会福祉士認定
精神分析研究所にて修士号後の訓練を受ける
NY州立精神病院、外来メンタルヘルスクリニック、
9・11テロ事件後の州立メンタルヘルス支援プログラムなどで勤務
NY市で心理カウンセリングオフィス個人開業
コロンビア大学社会福祉士スーパーバイザー研修終了
2003年静岡市に移住、心理カウンセリングオフィス想月開業
講演会、ワークショップ、グループセラピーなど開催
NHA（こころを育てるアプローチ）認定トレーナー資格取得

難しさを抱えたすべての子どもたち、おとなたちへ

「逆転のコミュニケーション法 NHA こころを育てるアプローチ」

2016年10月15日　初版第1刷
2016年11月11日　　　第2刷

著　者　　山　本　麗　子
編集人　　石　川　眞　貴
発行人　　石　川　嘉　一
発行所　　株式会社じゃこめてい出版
〒101-0051
東京都千代田区神田神保町2-32 前川ビル
電話　　03-3261-7668
ＦＡＸ　03-3261-7669
振替　　00100-5-650211
ＵＲＬ　http://www.jakometei.com/
装丁・本文デザイン／Kre Labo
印刷・製本／株式会社 上野印刷所

ISBN 978-4-88043-445-2　Cコード0077